일재一齋 이항李恒 선생과
그의 제자들

일재一齋 이항李恒 선생과
그의 제자들

초판1쇄 발행 2015년 12월 21일

지은이 김익두 외   펴낸이 홍종화
편집주간 박호원
편집·디자인 오경희·조정화·오성현·신나래·김선아·남지원
           이효진·남도영·이상재
관리 박정대·최기엽
펴낸곳 문예원   출판등록 제317-2007-55호
주소 서울 마포구 대흥동 337-25   전화 02) 804-3320, 805-3320, 806-3320(代)   팩스 02) 802-3346
이메일 minsok1@chollian.net, minsokwon@naver.com
홈페이지 www.minsokwon.com

ISBN 978-89-97916-52-8   93150

ⓒ 김익두 외, 2015
ⓒ 문예원, 2015, Printed in Seoul, Korea

저작권법에 의해 한국 내에서 보호를 받는 저작물이므로 무단전재와 복제를 금합니다.
이 책 내용의 전부 또는 일부를 이용하려면 반드시 저작권자와 문예원의 서면동의를 받아야 합니다.
이 도서의 국립중앙도서관 출판시도서목록(CIP)은 서지정보유통지원시스템 홈페이지(http://seoji.nl.go.kr)와
국가자료공동목록시스템(http://www.nl.go.kr/kolisnet)에서 이용하실 수 있습니다. (CIP제어번호 : CIP2015034666)

책 값은 뒤표지에 있습니다.
잘못된 책은 바꾸어 드립니다.

일재 이항 선생과
그의 제자들

― 김익두 외

문예원

머리말

김익두   (사)민족문화연구소장

올해로 세 번째 일재一齋 이항李恒 학술대회를 개최하였고, 세 번째 일재 이항 연구서를 출간한다. 약간의 감회가 있다. 일재 선생은 호남 유학의 비조로서, 하서 김인후, 미암 유희춘과 '사돈관계'를 형성하면서, 조선 전기-중기 호남 유학/철학을 이끌어 나아간 위대한 철학자이자 사상가이다.

선생은, 지나치게 명목론에 기울어져 있던 당대의 성리학/철학계에 '이기일물설理氣一物說'의 실질론을 내세워, 우리나라 철학계의 '아리스토텔레스'가 되었던 분이다. 이理와 기氣는 우리의 지각의 대상이 아닌 이념/이데아에 해당하는 것이며, 그것은 오직 '사물事物'을 통해서만 존재하고 지각할 수 있다고 하는 선생의 학설은, 당대의 명목론적 이기설 혹은 성리학을 실질론적 지평으로 들어올리는 혁명적인 역할을 하였다.

그러나 임진왜란과 정유재란을 거치면서 선생의 제자들이 구국의 전쟁터에 나아가 거의 다 순국의 길을 가게 됨으로써, 그의 탁월한 사상과 학문은 우리 철학사/사상사의 뚜렷한 주류를 형성하지 못하게 되었다.

그러나 선생의 탁월한 사상과 이론은 지금도 선생의 문집의 기록을 통해서 우리 앞에 남아 전해지고 있다. 이는 우리가 선생의 사상과 이론의 탁월함을 제대로 인식하고 그 가치와 사상사적 의의를 세상에 제대로 알려야 하는 책무를 우리에게 부여하고 있다.

우리는 이러한 사명의식을 가지고 올해로 3년째 일재 이항 전국 학술대회를 개최하고, 그 결과물을 정리하여 일재 이항 연구 학술서로 간행하고자 한다. 이번 학술대회는 '일재一齋 이항李恒과 그의 제자들'이란 주제로, 일재 제자들의 학문과 사상과 업적에 초점을 맞추어 학술대회를 개최하고, 그 결과를 정리하여 이 책으로 간행한다.

우리는 앞으로, 일재 선생의 학문과 사상과 이론이 세상에 제대로 알려지고 인식되고, 그의 사상과 이론의 가치와 의의가 전 세계에 제대로 드높여질 때까지, 이러한 학술대회와 학술사업을 부단히 계속해 나아갈 것이다.

이번에도 학술대회와 연구서 발간을 위해 지원을 아끼지 않으신 김생기 정읍 시장님을 비롯한 정읍시 관계자 여러분들, 정읍문화원 김영수 원장님을 비롯한 문화원 관계자 여러분들, 그리고 특히 이번 학술서 간행에 많은 도움을 주신 남고서원 이태복 회장님의 노고에도 깊은 감사의 뜻을 표하고자 한다.

2015년 12월 15일

축사

김생기 　정읍시장

　일재 이항 선생은 정읍이 낳은 위대한 사상가입니다. 선생은 '이기일물설理氣一物說'을 주장하시어 우리나라의 아리스토텔레스가 되시었다고 합니다. 이와 기는 우리 눈에 보이지 않는 불가시적인 것이며, 그것은 오직 '사물'을 통해서만 '존재'하고 인식할 수 있는 것이라는 실체론을 우리 성리학계에 뚜렷이 내세워, 지나치게 명목론적 이기론에 빠져 있던 우리나라 성리학/철학을 실체론적 지평으로 이끌어 올린 위대한 학자라고 합니다.
　이러한 위대한 학자의 훌륭한 제자들은 임진왜란과 정유재란을 겪는 동안, 의병 등의 형태로 전쟁터에 나가 전사함으로써, 일재의 학문적 적통은 거의 끊어지다시피 하였습니다.
　그러나, 그동안 선생의 문집 국역본이 간행되고, 몇 년 동안 쉬지 않고 선생의 학문에 관한 전국 학술대회가 이어져, 이제는 선생의 학문, 이론, 업적에 관한 사회적 인식이 어느 정도 제 자리를 잡아 나아가는 듯합니다.

우리 정읍문화원과 (사)민족문화연구소에서는 올해에도 일제 선생에 관한 제3회 전국 학술대회를 개최하여, 그 결과를 『일재(一齋) 이항(李恒)과 그의 제자들』이라는 제목의 책으로 엮어 펴내게 되었습니다.
　앞으로, 이러한 학술대회 및 연구서 발간 작업은, 일재 선생의 학문과 이론과 업적이 전국 나아가 전 세계에 제대로 인식되는 그날까지, 쉬지 않고 지속적으로 수행해 나아갈 생각입니다.
　이번에 이 학술대회와 연구서 발간을 주도해주신 (사)민족문화연구소 소장 전북대 김익두교수님을 비롯한 여러 교수님들, 정읍문화원 김영수 원장님을 비롯한 관계자 여러분들, 그리고 남고서원 이태복 선생의 노고에도 깊은 감사를 드립니다.

2015년 12월 15일

발간사

김영수   정읍문화원장

  올해로 일재 이항 선생에 관한 전국 학술대회를 세 번째 개최한다. 두 번째까지는 (사)민족문화연구소가 주관하여 학술대회와 학술서 발간 일을 맡아 수행하였으나, 이번에는 (사)민족문화연구소와 우리 정읍문화원이 공동으로 진행하게 되었다.
  일재 선생은 우리 호남 유학의 비조로서, 호남 철학계에 지대한 영향을 미쳤을 뿐만 아니라, 우리나라 철학계에도 커다란 족적을 남긴 분으로 알고 있다.
  그동안, 선생의 학문과 사상과 업적에 관한 연구가 일천하여, 아직도 선생이 남기신 위대한 업적이 세상에 제대로 드러나지 못한 아쉬움이 있다.
  이러한 현실을 타개하기 위해 정읍시와 (사)민족문화연구소에서는 그동안 많은 노력을 기울여 온 것으로 알고 있다. 앞으로, 우리 정읍문화원에서도 이러한 노력에 적극 동참하여, 일재 선생이 남기신 업적이 제대로 그러나도록 하는 일에 기여하고자 한다.

이번에 학술대회와 책자 발간에 앞장서주신 (사)민족문화연구소 소장 전북대학교 김익두 교수님과 여러 교수님들, 그리고 지원을 아끼지 않으신 김생기 정읍시장님, 그리고 어려운 중에도 이번 책자 발간을 위해 금전적 지원을 아끼지 않으신 남고서원의 일재 선생 종친회 이태복 선생님의 노력에도 깊은 감사를 드린다.

2015년 12월 15일

차례

머리말 4
축 사 6
발간사 8

▶ 일재 이항과 심성/마음
**마음에 관한
일재一齋 이항李恒의
논증들**
| 김범수 |

1. 서언: 왜 마음 논증인가? 13
2. 마음, 느낌, 실재 16
3. 느낌 이후 22
4. 이항이 제안한 해결책 38
5. 결어: 특징과 함의 44

▶ 일재 이항과 교육사상
**일재一齋 이항李恒
선생의 교육사상**
| 황의동 |

1. 서언 49
2. 스승으로서의 '일재' 51
3. 일재의 교육사상 56
4. 결어 71

▶ 일재 이항의 제자들 1
**건재健齋 김천일金千鎰
선생의 생애와 업적**
| 유종국 |

1. 서언 75
2. 건재 선생의 생애 78
3. 건재 선생의 업적 97
4. 결어 107

▶일재 이항의 제자들 2

일재―齋 이항李恒 선생의 문학적 사제 계보와 그 특징
: 『일재집―齋集』을 중심으로
| 김익두 |

1. 서언 127
2. 일재 이항의 문학과 그 특징 129
3. 『일재집―齋集』에 나타난 일재의 스승·교우·제자 관계 134
4. 일재와 그의 제자들의 문학적 계보와 특징 150
5. 일재가 미친 호남문학에의 영향과 그 역사적 의의 154
6. 결어 161

▶일재 이항의 제자들 3

임란기 오봉 김제민의 의병활동
| 하태규 |

1. 머리말 165
2. 김제민의 가계와 임란 이전의 활동 167
3. 임란 초기 김제민의 삼례창의와 웅치전투 참전 174
4. 장성 남문창의와 김제민의 의병활동 186
5. 맺음말 203

▶일재 이항의 제자들 4

일재―齋의 제자들로 임란에 참여한 도강김씨들
: 김후진, 김대립, 김복억을 중심으로
| 김진돈 |

1. 서언 207
2. 일재 이항의 교육관과 제자들 209
3. 일재의 제자인 도강김씨들 215
4. 결어 233

찾아보기 237

마음에 관한 일재一齋 이항李恒의 논증들

김범수
서원대학교 교수

1. 서언: 왜 마음 논증인가?

마음에 관한 일재 이항의 논증들은 마음의 문제를 해결하기 위해 제시된 것이다. '마음의 문제'란 마음 개념을 정의내리고 자세히 설명하기만 하면 깨끗이 처리되는 그런 문제가 아니다. 그것은 실천의 문제다. 따라서 마음에 관한 이항의 논증들은 대부분 실천적 명제들로 구성되어 있다.[1]

다음과 같은 몇 가지 이유에서 마음 논증을 다루는 일이 이항의 철학을 논하는 데 필수적이라 말할 수 있다. 첫째, 도덕적 가

---

[1] 이항의 이런 실천 지향적 성격을 '학자로서의 병통'으로 지적한 사례는 다수 존재한다. 학문에 대한 논의의 비중을 두지 않는 태도가 지나치다는 것이다. 퇴계 이황과 내암 정인홍 등의 지적을 제시하며 이 문제를 분석한 최영성 교수의 글 「일재一齋의 학문과 사상에 대한 퇴계 이황의 평가: 성리설性理說을 중심으로」(김익두 외 지음, 『일재 이항의 사상·학문·이론에 관한 새로운 시각들』, 문예원, 2014)를 참고할 것.

치를 인지하고 실현하는 일에 초점이 맞춰져 있는 성리학의 특성을 고려할 때 마음은 그 가치를 인지하고 실현하는 주체로서 중시될 수밖에 없다. 마음에 관한 논증들은 가치 중심주의라는 유가철학의 특징을 여실히 드러내준다. 둘째, 그의 철학의 특징을 규명하려면 마음의 문제를 중요하게 다뤄야 한다. 그 특징 규명의 선결문제는 이항이 제안한 문제 해결방식에 대한 분석이다. 이항의 이기론은 나흠순의 이기론을 수용한 결과인가? 나흠순의 그것을 수용했다고 평가하는 사람들은 이기론과 심성론의 모순을 지적한다.[2] 즉, 이기론은 일원론이고 심성론은 이원론이라는 것이다. 그리고 이기론은 나흠순의 영향이고 심성론은 주자의 심성론을 수용한 결과라고 덧붙인다. 따라서 이 논문은 이항의 이기심성론이 주자와 나흠순의 그것 중 어느 것과 유사한지를 밝히기 위한 '기초 작업'임과 동시에 이기론과 심성론의 정합성 여부를 판단하기 위한 '예비 작업'이다. 셋째, 이항의 이기론은 마음 논증 속에서 이해되어야 한다. 실제로 이항은 공부가 제대로 되지 않으면 자신의 핵심 주장(이기수사이양이혼연일물지체理氣雖似二樣而渾然一物之體)을 이해할 수도 없다는 식으로 말한다.[3] 만약 이 주장이 참이라면, 그것은 체험적 인식體認의 결과라고 말할 수 있다. 따라서 마음에 관한 그의 논증들을 이해하는 것은 중요한 일이 아닐 수 없다.

---

2 劉明鍾의 논문 「李一齋의 理氣渾一哲學」(『철학연구』 제21집, 대한철학회, 1975), 168쪽과 정대환의 논문 「一齋 李恒의 性理學」 二(『철학연구』 제96집, 2005), 420~421쪽 참고.
3 『一齋先生集』書, 贈奇正字大升書, "須姑舍博覽群書 而居敬窮理默思自得 而尊性涵養之功久 則理氣雖似二樣 而渾然一物之體 自然見得矣."

이 중에서 이항의 철학의 성격을 규명하는 일은 이 글의 주요 관심사가 아니다. 이 글의 목적은 마음 논증을 정리하고 분석해서 이항이 마음의 문제를 어떻게 어떤 방식으로 해결하려 했는지를 밝히는 것이기 때문이다. 그러므로 마음 논증들을 재구성해서 분석한 뒤 그 특징을 선명하게 드러내는 일에만 중점을 둔다.[4] 이기론과 심성론의 정합성 판단 문제는 마음 논증에 대한 분석 결과를 토대 삼아 또 다시 진행해야 할 별개의 작업이다. 나흠순 철학의 수용 여부를 따지는 것도 마찬가지다. 따라서 이 두 가지 문제는 이 글에서 밝히고자 하는 것과 거리가 있다. 마음 논증을 분석해야 하는 이유 세 가지 중 첫 번째와 세 번째 이유에 주목하자.

이항의 마음 논증을 올바르게 분석하면, 적어도 다음과 같은 성과를 얻게 된다. 첫째, 마음 논증이 '감각적 경험과 느낌의 중요성'[5]을 강조한 것임이 밝혀진다면, 이기론과 심성론이 정합적임을 밝히는 데 좋은 근거 하나를 확보하게 된다. 둘째, 이항 이외의 성리학자들과 이항이 공통적으로 삼은 목표가 도덕적 가치

---

[4] 이항이 제시한 논증들이 자세하고 양적으로도 충분하다면, 마음에 관한 그의 입장을 선명하게 드러내는 일은 그리 어렵지 않을 것이다. 그러나 주지하다시피 그의 논증들은 짧기도 하고, 또 성글게 엮여 있다. 따라서 생략했을 것으로 추정되는 문장을 이항의 입장에서 보충해 넣으며 검토할 수밖에 없다. 참고로, 필자가 보충해 넣은 문장들은 괄호 속에 넣어 표기하고자 한다. 그의 논증이 가급적 훌륭한 논증이 되도록 보충해 넣어야 함은 물론이다. 논증 분석과 평가를 연구방법으로 활용하려는 이유를 말해둘 필요가 있다. 그 이유는 비교적 상식적인 것이다. 진부한 얘기지만, 짧은 이항의 글을 그의 입장에서 타당한 방식으로 이해하는데 도움이 되기 때문이다.
[5] 이 글에서 자주 사용하게 될 '감각적 경험'과 '느낌'이라는 표현은 이항이 제시한 핵심 논증 '心感性發' 속의 '心感'을 풀어 옮긴 것이다. 필자는 이항이 감각적 경험과 느낌의 중요성을 가볍게 다뤄서는 안 된다고 주장했음을 밝히고자 한다. 이때의 '중요성'이라는 표현은 감각적 경험과 느낌만으로 도덕적 가치에 대한 인지와 실천이 가능함을 의미하는 것은 물론 아니다. '性發'의 계기이자 조건이므로, 그것을 소홀히 하거나 간과해서는 안 된다는 그의 입장을 드러내기 위한 표현일 뿐임을 미리 밝혀둔다.

의 실현과 성인되기임[6]이 밝혀진다면, 이항의 마음 논증은 그 목표를 달성하는 데에만 중점을 둔 소박한 실천이론임을 이해하게 된다. 셋째, 이항이 어떤 맥락에서 기운氣과 마음心의 작용을 중시했는지 이해하게 된다. 이 세 번째 성과는 이항의 철학을 기철학氣哲學의 범주에 두거나[7] 또는 주리적主理的 경향도 아니고 주기적主氣的 경향도 아닌 독창적인 경향의 이기론으로 규정한 것[8] 중에서 어떤 평가가 적절한 것인지를 검토하는데 도움을 줄 것이다.

2. 마음, 느낌, 실재

마음은 물건物이면서 사건事이다. 물건으로서의 마음 논증은 마음 자체에 대한 존재론적 탐구다. 일재 이항의 마음 논증에서 마음 자체란 마음의 본체(이理·성性)와 마음의 본질적 속성(허虛·적寂)으로 구분된다. 마음의 본래 면목은 마음 작용의 결과를 평가하는 표준으로 기능한다. 그리고 마음의 본질적 속성은 가치를 인지하고 실현하는 토대로 간주된다. 사건으로서의 마음 논증은 마음의 작용靈感이다. 영감은 마음의 움직임, 즉 느낌이

---

[6] 황의동 교수의 연구에 따르면, 일재 이항은 성인과 군자 되기를 교육의 목표로 삼았으며, 그 방법으로 居敬窮經을 강조했다. 자세한 내용은 그의 논문 「一齋 李恒의 교육사상」(『일재 이항 선생과 그 제자들의 구국의 업적』, 일재 이항선생 탄신 517주년 제3회 일재 이항 전국학술대회 발표 자료집, 전북대 민족문화연구소, 2015)을 참고할 것.
[7] 劉明鍾, 「李一齋의 理氣渾一哲學」, 『철학연구』 제21집, 대한철학회, 1975, 170쪽 참고.
[8] 吳炳武, 「一齋 李恒의 哲學思想」, 『순천대학교논문집 인문사회과학편』 제4집, 순천대학교, 1985, 458쪽 참고.

다. 느낌은 가치를 인지하고 실현하는 마음의 작용이다. 감정은
그 작용의 결과다. 이항이 제시한 마음 논증의 특징을 규정하려
면, 이 두 갈래의 길을 구분해야 한다. 그런 다음 두 갈래의 길
이 하나의 지점에서 만난다는 사실을 확인해야 한다.

'허虛'자와 '적寂'자는 마음의 본체를 지칭하고, '영靈'자와 '감感'
자는 마음의 작용을 설명한 글자다. 마음이 영감이라는 작용을 하
지 않는다면, 그 안에 이치理를 지닐 수도 없다. 마음이 이치를 지
니지 않는다면, 이치를 드러낼 수 없음은 명백한 사실이다. 이것도
마음이 먼저 움직인다心先動는 사실을 보여준다. 마음이 먼저 움직
이지 않는다면, 무엇 때문에 "마음은 본성과 감정을 통섭한다"고 말
했으며, 또 "마음은 몸의 주인이다"라고 말했겠는가.[9]

논증 하나를 추려내면 다음과 같다. [느낀다. 그러므로 존재
한다.] 전제는 마음의 움직임을 말한 것이고, 결론은 본성의 실
재성을 주장한 것이다. 이로부터 최종 결론(심선동心先動)을 이끌어
낸다. 이 최종 결론이 옳다는 것을 입증하는 데 사용한 근거는
느낌이다. 이항은 누구나 느끼게 되는 느낌의 실재성을 근거로
본성의 실재성을 주장하고 있다. 경험적 사실을 근거로 삼고 있
기 때문에 실제로 느낌을 느낀 자에게는 선한 본성의 실재성이
의심받을 가능성은 없다. 따라서 마음이란 본성을 실현시킴으

---

[9] 『一齋先生集』書, 答許參議書, "是虛字寂字 心之體 靈字感字 心之用也 非心之靈感 則難
具衆理而必不見矣 於此亦見其心先動也 不然 何以曰 心統性情 心者 身之所主
也."

서 그것을 실재적인 것이 되도록 만드는 신령스런 물건이다.

마음의 본체와 이치에 대한 주장을 논증 형식으로 재구성하면 다음과 같다. [마음은 텅 비어있고 고요한 물건이다. 그러므로 이치를 담아 간직할 수 있다. 이치를 담아 간직하고 있기 때문에 이치를 드러낼 수 있는 것이다.] 마음이란 잔잔한 물 맑은 거울과 같은 물건이기 때문에 이치를 담아 간직할 수 있다. 인간에게 선한 본성이 존재한다는 말은 마음의 본래 상태가 잔잔한 물이나 맑은 거울과 같다는 말이다. 그래야만 그 이치(본성)를 실현시킬 수 있다. 따라서 마음이란 선한 본성이 존재하며, 또 그것은 실현될 수 있는 것임을 보여주는 데 우선적이고 필수적인 조건이다.

마음과 본성, 이치와 기운은 한 물건에 함께 존재한다. 옛 학자들은 이것을 분리시켜 말하기도 했고, 또 선후로 구분해서 말하기도 했다. 대부분 본체에 초점을 두고 논하는 사람들은 이치가 기운보다 먼저라고 말하고, 작용에 초점을 두고 논하는 사람들은 기운이 이치보다 먼저라고 말한다. 송인수와 이언적의 주장이 여기에 해당한다. 이들은 분명 본체와 작용으로 구분해 놓고 본 게 틀림없다. 그래서 선후의 구분이 있다는 것을 깨닫지 못하게 된 것이다. 이들의 학문은 어느 한 편에 치우쳐 자세히 살피지 못하는 병폐를 면치 못한 것이다. 마음과 본성, 움직임과 고요함을 선후로 논하면, 다음과 같다. 바깥 사물이 마음에 와 닿을 때 마음이 먼저 움직인다. 주자는 다음과 같이 말했다. "마음속의 사단이 느낌에 따라 드러난다." 이 말을 어떤 사람은 다음과 같이 해석했다. "느낌이란 바깥에 있는 것에 의해 마음이 움직이는 것을 말하고, 드러남이란 안에서부터 바깥으로 드러난다는 의미다." '느낌'이란 마음이 느낀다는 말이고, '드러남'이란 본성이 (마음의 움직임에 의해) 드러난다는 말이다. 그러므로 마음이 먼저 움직인다는 것은 분명한 사실이다. 예나 지금이나 이런 이치를 깨닫지 못한 사람들은 본성이 마음보다 먼저 움직인다고 말하는데, 이렇게 오해하게 된 까닭은 "성발위정性發爲情"이나 "심발위의心發爲意"라는 말에 너무 치중했기 때문임에 틀림없다.¹⁰

송인수와 이언적은 편견에 빠졌다는 것인데, 이항은 그 이유를 선후로 구분하는 방식을 간과했기 때문이라고 말한다. 이항 스스로 자신의 입장이 변화하는 현상 사물의 세계에 치중해 있음(사실적 관점)을 밝힌 것이다. 이항이 주장하는 바는 분명하다. 사물의 자극에 대한 마음의 반응이 없다면, 그것을 도덕적 주체라 말할 수 없다. 느낌이란 사물의 자극에 대한 마음의 반응이다[심감心感]. 도덕적 자각에 의한 능동적이고 주체적인 행위는 본성의 드러남[성발性發]이다. 이항은 전자를 소홀히 해서는 안 됨을 주장한다. 본성을 드러내려면, 사물의 자극에 대한 마음의 반응이 먼저 이루어져야 한다는 것이다. 다시 이를 근거로 '심선동

---

10 『一齋先生集』書, 答許參議書, "心性與理氣 渾是一物 而古人爲學者 或分而言之 或先後言之 蓋自本體以論之 理先於氣 自用工以論之 氣先於理 夫宋麟壽李彦迪之說 想必因此而混言 使人莫知先後之分 其爲學問 未免擇焉而不精之病耳 以心性動靜之先後論之 外物之來 心固先動矣 朱子曰 藹然四端 隨感而見 釋之者曰 感者 自外而動於內也 見者 自內而形於外也 蓋感者 心感也 見者 性發也 由此而觀之 心先動明矣 古今學者不達此理 或謂性先動於心 此必狃於以性發而爲情 心發而爲意爲王而差了."

心先動'을 강조한다. 이 명제는 가치를 인지하고 실현하려면 마음이 느낌이라는 작용을 실제로 하고 있어야 함을 강조한 것이다. 느낌은 이치를 실제적으로 존재하게 하고 또 그것을 실현시키는 데 필요한 마음의 움직임이다.

물건으로서의 마음 논증은 사건으로서의 마음 논증으로부터 파생된 것이다. 전자의 기반은 후자다. 느낌은 본성이 실재한다는 것을 입증해주는 사건이다. 이 사건은 사물의 자극에 대한 몸의 반응으로부터 마음의 반응이 이루어지고, 다시 이로부터 본성이 드러나는 사건이다.

눈먼 장님은 우물로 기어들어가는 아이 곁에 있어도 측은해 하는 감정을 느끼지 못한다. 이 장님에게 본성과 감정이 없어서 그런 게 아니다. 그 모습을 보지 못하기 때문이다. 그러므로 마음이 사물과 만나 느낌이 일어나는 그런 경우가 아니라면, 측은해 하는 실마리가 마음속에 있다 하더라도 드러날 수 없는 것이다. 이로부터 마음이 (본성보다) 먼저 움직임을 알 수 있다.[11]

사건의 전개 과정은 다음과 같다. [본다. 느낀다. 드러난다.] 드러나야 비로소 본성의 실재성에 대해 확신하게 된다. 여기에 던져지는 흔한 질문은 다음과 같은 것이다. 측은지심이 존재하지 않는데 어떻게 측은지심이 드러날 수 있는가? 물론 이항도

---

[11] 『一齋先生集』書, 答許參議書, "設使瞽者 在井側 雖孺子入井 必不有惻隱之情 是瞽者 無非性情 而目無見焉 故心不能遇物卽感 雖有惻隱之端 無自以見矣 於此 亦見其心先動也."

그것이 마음 속에 존재한다고 인정한다. 그러나 보고 느끼지 않는다면 그 측은지심은 드러날 수 없고, 또 드러나지 않았다면 그것을 실재한다고 단언할 수 없다는 입장이다. 모순된 주장 같아 보이지만 마지막 문장과 연결시켜 보면, 이항이 주장하고자 하는 것이 무엇인지 알 수 있다. 이항의 최종 결론은 역시 '심선동心先動'이다.

위에서 논한 '심감성발心感性發 논증'을 다시 떠올려 보자. [사물의 자극에 대한 마음의 반응[심감心感]으로 본성 실현[성발性發]이 시작된다. 본성을 드러내지 못하면, 도덕적 인간이 될 수 없다. 그러므로 사물의 자극에 대한 마음의 반응이 없다면, 도덕적 인간이 될 수 없다.] 도덕적 성숙의 시작은 사물의 자극에 대한 마음의 반응(느낌)이다. 느낌(심감心感)은 바깥의 것에 의해 일어나는 내면의 변화다. 드러남(성발性發)은 안에서 바깥으로의 표출이다. 이항은 전자가 후자의 필수 조건임을 강조한다.

위의 글에 대한 상식적인 의문 하나가 더 있다. 장님은 도덕적 본성을 드러낼 수 없는가? 성선설을 부정했다는 결정적인 증거가 없는 한 이 물음에 대한 이항의 답은 뻔하다. 현존하는 자료에 의하면, 이항이 성선설을 부정했을 가능성은 없다. 그렇다면 감각적 경험의 중요성을 강조한 뒤 느낌이 본성의 실현을 가능하게 하는 필수적 조건임을 주장한 이항의 입장을 어떻게 이해해야 하는가? 답은 간단하다. 이항의 논증들을 정합적으로 이해하고자 한다면, 다음과 같이 후퇴하는 수밖에 없다. 감각적 경험을 중시한 이유는 도덕적 가치를 실현하려는 노력을 강조하기 위해서다. 가치를 실현하려는 노력을 강조하려면 선한 본성의 실재성을 의심 없이 받아들인 뒤 그것을 드러내라고 말하기 보다는 마음의 느낌을 통해 드러내야만 비로소 선한 본성의 실재성에 대해 자각 확신하게 된다고 말하는 편이 낫다.

설득력을 높이기 위해 이항은 주자의 말을 인용한다. 기운이 먼저 작용한 다음 이치가 부여된다는 자신의 주장을 옹호하기 위해 주자의 이기 선후구분을 다음과 같이 재해석한다. "이치보다 기운이 먼저 움직인다. 주자는 기운이 형체를 이루면 이치가 거기에 존재하게 된다고 말했다. 원형이정(천도)과 인의예지(인성)도 모두 기운이 움직인 다음 이치가 부여된 것이다."[12] 이항의 입장을 재구성하면, 다음과 같다. [도덕적 가치의 인지와 실현에 있어 중요한 것은 마음과 본성의 선후구분 문제다. 마음과 본성의 관계를 규명하려면, 기운과 이치의 관계부터 규정해야 한다. 기운이 이치보다 먼저 움직인다. 그러므로 마음이 본성보다 먼저 움직인다.] 이치와 본성 실현에 있어서 마음의 움직임, 즉 느낌이 소홀히 취급되어서는 안 된다는 것이다.

3. 느낌 이후

감각적 경험과 느낌은 인지와 정서 두 차원에서 모두 중요한 의미를 갖는다. 마음속의 지식을 다하고, 또 성리를 자각 실현하는 시작이 되기 때문이다. 그러나 그것은 어디까지나 시작에

---

12 『一齋先生集』書, 答許參議書, "天道之元亨利貞 人性之仁義禮智 皆氣先動而理亦賦焉 朱子曰 氣以成形 而理亦賦焉 於此 亦可見其氣先動也."

불과하다. 따라서 그 이후의 과정에 대한 고려가 없다면, 그것은 마음의 문제를 해결하는 일과 거리가 멀다고 말할 수 있다. 그러므로 느낌 이후에 대한 논의는 매우 중요한 의미를 지닌다. 편의 상 두 단계로 구분해서 논하고자 한다. 느낌 이후의 문제에 대한 해결 1단계는 사단과 칠정의 구분이다. 움직인 다음의 마음은 감정으로 불린다. 그리고 2단계는 마음에 관한 논의다. 움직인 다음의 마음은 인심과 도심으로 구분 설명된다.

  자극을 받아들이고 그것에 반응한 결과를 선악 개념으로 분류하면, 크게 두 부류로 나뉜다. 감정 자체만으로는 선악 구분이 불가능한 경우(유선유악有善有惡)와 나쁜 감정으로 볼 소지가 전혀 없다고 여기는 경우(순선純善)가 그것이다. 전자가 칠정, 후자가 사단이다. 전자는 본능적 욕구가 발동하여 일어난 감정이다. 후자는 도덕 감정이다. 전자는 바깥 사물에 의해 마음이 움직인 느낌이고, 후자는 그 느낌에 의해 내면의 선한 바탕이 바깥으로 드러난 결과다. 따라서 전자는 인지 주체와 대상을 아우르는 범주고, 후자는 인지 주체의 내면에 한정되어 논의될 수 있는 것이다. 그러므로 이항은 전자를 '이기발이합자理氣發而合者'로 표현했고, 후자를 '성지소용性之所用'이라 표현한 것이다.[13] 사단은 느낌에 의해 선한 바탕이 드러난 것이므로 순선한 도덕 감정이지만 칠정은 인지 주체와 대상의 교감에 의해 일어난 느낌 자체일 뿐이므로 선악미정의 감정이다.

  이항은 사단과 칠정을 고금의 학자들이 뒤섞어 놓아서 구분

---

13 『一齋先生集』書, 答金博士麟厚書, "然則性之所用有四 惻隱羞惡辭讓是非也 此無有不善者也 理氣發而合者有七 喜怒哀樂愛惡欲是也 此有善有惡者也."

하기 어렵게 되었다고 비판한다. 또 양촌 권근과 하서 김인후가 이런 실수를 하게 된 까닭을 기미가 싹터 나오는 순간을 고려하지 않았기 때문이라고 주장한다.14 이 비판에서 분명하게 알 수 있는 사실 하나는 사단의 정은 이와 기로 설명하지 않았고, 칠정의 정은 성 개념으로 설명하지 않았다는 점이다. 이것은 무엇을 의미하는가?

    욕망이 꿈틀거리기 시작하면 감정에 이끌리기 쉽다는 말이 있다. 이 말은 칠정이 발하면 인욕도 그때 그것에 따라서 꿈틀거리기 시작한다는 의미다. (이것을 다른 식으로 표현하면) 칠정이 중절을 이루지 못한 상태, 즉 지나치게 강렬해지는 상태다.15

    심선동心先動의 함의와 결합하여 이해해보자. 사단은 본성을 드러내 그것을 실재적인 것이 되도록 만들어주는 마음 작용의 결과다. '성지소용性之所用'의 함축적 의미가 바로 이것이다. 마음의 작용은 자아 완성의 관건이 되는 정신적 사건이다. 이 사건은 느낌에서 시작해서 드러남에서 끝난다. 초점은 본성의 실현에 맞춰져 있고, 느낌에 의해서만 가능하다는 점을 인정했으므로, 이와 기 개념을 끌어들여 설명하면 오히려 논점만 흐려진다. 칠정에 대한 설명 방식은 어떤가? 칠정도 느낌의 일종이다.

---

14 『一齋先生集』書, 答金博士麟厚書, "此陽村之不察乎幾微之間 而君亦狃而言之 皆知未至之故也."
15 『一齋先生集』書, 答金博士麟厚書, "欲動情勝云者 七情發而人欲亦已動乎其間 七情不得中節而過勝矣."

그러나 이때의 느낌은 인지 주체와 대상의 교감으로 일어난 것임을 의미할 뿐이다. 내면의 변화를 일으키는 정신적 사건의 주체가 사물에 의해 반응한 결과일 뿐이다. '이기발이합자理氣發而合者'의 함축적 의미가 바로 이것이다. 이 사건은 감정과 욕망의 꿈틀거림이란 느낌에서 시작한다는 것을 말해줄 뿐이다. 느낌 자체에 주목해야 한다는 것이다. 마음이 사물과 교감함으로써 일어나는 느낌, 그리고 감각적 경험의 우선성과 필요성을 강조한 이항의 주장을 떠올려 보자. 기미가 싹터 나오는 순간을 고려해야 한다는 것이다. 이 순간을 고려하지 않으면, 칠정과 인욕을 구분하기 어렵게 된다. 다시 말하면, 칠정을 선하지 않은 감정으로 분류하게 된다는 것이 이항의 주장이다. 느낌 자체, 즉 느낌이 일어나는 순간에 주목하게 만들려면, 본성의 드러남 개념을 끌어들여 설명하는 것은 좋지 않다. 본성 개념을 뒤섞어 말하면, 논점만 흐려진다.

또 다른 방식으로 이항의 표현을 분석해보자. 편의 상 이항이 김인후에게 보낸 편지를 기초로 권근과 김인후의 생각을 논증 형식으로 재구성한 다음 그것에 대한 이항의 반박을 제시하는 방식으로 그의 마음 논증이 지니는 특징을 살펴보자. 이항이 직면한 문제를 구성적 딜레마식으로 재구성하면, 다음과 같다. [만일 사단이 이치와 기운이 함께 작용한 결과라면, 사단을 칠정과 구분할 때 마음의 움직임과 무관하게 논의할 수 있다. 만일 사단이 칠정과 다른 근원에서 싹터 나온 감정이라면, 사단칠정에 대한 논의에서 마음의 움직임을 고려할 필요가 없다. 사단은 이치와 기운이 함께 작용한 결과이거나 칠정과는 다른 근원에서 싹터 나온 감정이거나 둘 중 하나다. 그러므로 사단과 칠정의 구분은 마음의 움직임과 무관하게 논의될 수 있거나 마음의 움직임에 대한 고려 없이도 해결 가능한 문제다.]

이항은 느낌을 본성 실현의 우선적이고 필수적인 조건으로 중시한다. 따라서 아마도 이항은 위에 재구성된 논증의 결론에는 동의하지 않을 것이다. 위의 논증의 선언 전제가 틀렸다고 말할 것이다. 여기에서 이항의 마음 논증이 갖는 중요한 특징이 발견된다. 보고 느낀 뒤에(심성心感) 본성이 드러난다(성발性發)는 것이 이항의 기본 입장임을 다시 떠올려보자. 본성의 드러남과 사단의 순선함에 대한 판단은 보고 느낀 다음의 일이다. 이항의 입장에서 볼 때, 느낌 이전에 이치와 기운의 작용이 실제로 먼저 이루어진 결과일 수도 없고, 느낌 이전의 단계에서부터 실재로 구분되어 있는 것도 아니다. 따라서 위의 논증 속의 선언전제는 '심선동心先動'과 양립할 수 없다. 사단을 칠정과 구분 설명할 때 '이발理發'이나 '성발性發'이라는 표현을 사용하지 않고 '성지소용性之所用'이라는 표현을 썼음에 주목하자. '성지소용性之所用'은 성이 드러난 결과다. 이것은 느낌 이후를 선악으로 구분해볼 때, 선한 것을 본성이 드러난 결과로 간주할 수 있다는 말이다. 기미와 조짐 이전의 차원에서 사단과 칠정을 구분하는 것은 옳지 않다. 이것은 위의 논증 속의 선언전제 중 두 번째 선언지를 부정한 것이다.

논증의 선언전제 중 첫 번째 선언지(사단은 이치와 기운이 함께 작용한 결과다)를 검토해보자. 만약 이항이라면, 이 선언지를 부정했을까? 추측컨대, 답은 '그렇다' 이다. 다음과 같이 두 가지 이유를 생각해볼 수 있다. 첫째, 이치는 기운의 작용에 의해 실현된다. 둘째, 느낌을 이치와 기운의 작용으로 설명할 수는 있지만, 그렇다하더라도 마음이 움직인 다음의 일이라 설명하는 게 낫다고 생각한다. 필자가 추정하여 제시한 이 두 가지 이유는 이항의 입장에 부합한다.

'성지소용性之所用'과 '이기발이합자理氣發而合者'의 구분법을 검토해보자. 이항은 사단을 '성지소용性之所用'으로, 칠정을 '이기발이합자理氣發而合者'로 구분하여 설명했다. 여기에 던져지는 상식적인 질문은 다음과 같다. '성지소용性之所用'의 결과 중에서 '이기발이합자理氣發而合者' 아닌 것이 있는가? 이 질문은 사단과 칠정을 근원에서부터 구분해야 한다는 입장과 다르지 않다는 의혹이 바탕에 깔려 있다. 만약 이런 의혹이 사실로 밝혀진다면, 위에서 재구성한 구성적 딜레마식의 선언전제 중 두 번째 선언지를 이항이 부정했을 것이라는 추측은 빗나가고 만다. 또 그렇다면, 그것에 대한 이항의 입장을 소개한 내용들 모두 거짓이 된다. 따라서 위의 질문에 대한 답변은 매우 중요한 의미를 갖는다. 이항은 왜 사단을 '성지소용性之所用'으로, 칠정을 '이기발이합자理氣發而合者'로 구분하여 설명했을까? 이 구분법을 어떻게 이해해야 이항의 주장들을 정합적으로 이해할 수 있을까?

이 물음에 대한 이항의 답변은 찾기 힘들다. 그러나 이항의 주장들을 종합해 보면, 실마리 정도는 찾을 수 있다. '성지소용性之所用'은 느낌에 의해 본성이 드러난 경우를 말한 것이고, '이기발이합자理氣發而合者'는 느낌에 의해 드러난 결과를 이치와 기운 개념으로 설명한 것일 뿐이다. 다시 말하면, 궁극적 실체 이와 기의 작용이 아니라 마음의 작용에 의해 드러난 것을 이와 기 개념을 끌어와 설명했을 뿐이라는 것이다. 물론 이와 같은 해석은 이항의 주장 '심선동心先動'과 '기미지간幾微之間'을 보충해 넣어야 가능한 일이다. 이 두 개의 명제를 보충해 넣으면, '성지소용性之所用'과 '이기발이합자理氣發而合者'가 양립 가능함을 알 수 있다.

　사단과 칠정의 구분 문제에 대한 이항의 논증을 통해 느낌이 일어나는 순간이 마음 논증에서 중요한 의미를 갖는다는 사실을 알게 되었다. 따라서 감정이 일어나는 때에 주목하게 되는 것은 자연스러운 일이다. 감정이 일어나는 때를 주목해야 한다는 말은 의미 상 마음의 작용에 눈을 돌려야 한다는 말과 같다. 마음의 작용에 눈을 돌리면, 인심과 도심의 구분 문제가 중요해진다. 마음이란 무엇인가? 이 물음에 대한 대답은 나흠순과 노수신의 인심도심체용설人心道心體用說을 비판한 대목에서 찾을 수 있다. 먼저 노수신의 입장을 살펴보자.

　　도심을 이발已發로 간주하기도 하고 미발未發로 간주하기도 합니다. 또 도심을 대본大本으로 간주하기도 하고 달도達道로 간주하기도 합니다. (이런 일반적인 해석에) 그 의미가 드러나 있는 듯합니다. 선생(이항)께서는 "도道는 발동한 것"이라고 말씀하셨는데, 저(노수신)는 그 말씀 때문에 의혹만 더 커졌습니다. 선생께서 제시한 근거를 인용해서 설명해보겠습니다. "도道는 사물의 당연한 이치여서 언제나 성性의 덕德으로 마음에 구비된 것이다"라는 근거를 제시하셨는데, 이 말은 작용으로 인해 본체가 마음속에 내재하게 됨을 말한 것입니다. (또) "도道는 천리의 당연함으로 도道일 따름이다"라는 근거도 제시하셨는데, 이 말은 본체가 존재하기 때문에 작용이 일어날 수 있음을 말한 것입니다. 본체에 상대되는 것을 말하면, (그 상대되는 것은) 작용입니다. (그리고) 작용에 상대되는 것을 말하면, (그 상대되는 것은) 본체입니다. 정靜이라고 말할 수 있을 뿐 동動이라고 말할 수는 없는 성性과 (도심은) 다릅니다.[16]

작용으로 인해 본체가 마음속에 내재하게 된다는 말을 체용의 상대성에 따라 재해석하면, 다음과 같다. 본체를 마음속에 내재하게 만드는 그 작용이 도리어 본체일 수 있다. 이때의 본체 개념은 '실제로 운동하는 것'이고, 작용 개념은 '그 운동에 의해 실현된 것'이다. 또 본체가 존재하기 때문에 작용이 일어날 수 있다는 말을 재해석하면, 다음과 같다. 작용을 일으키는 계기이자 원인이 되는 그 본체는 실제로 운동하는 것이므로 작용으로 볼 수 있고, 운동으로 드러난 결과·현상은 본체가 드러난 것이므로 드러난 그것을 위주로 말하면, 작용이 본체가 된다. '도道'자의 의미를 몰랐기 때문에 도심을 미발의 본체로 간주했다고 비판한 이항의 지적을 반박한 것이다. 그런 다음 마지막 문장에서 미발의 본체를 본성이 아닌 도심으로 규정한 이유를 밝혔다. 도를 본체와 작용으로 각각 설명할 수 있다는 논리를

---

16 『穌齋集』, 內集下篇懼塞錄甲二, 奉答一齋先生書, "大抵道心作已發看 或作未發看 又就大本達道看 恐其義自見 先生云道皆發動底 甥也滋惑 試就先生所引者 道者事物當然之理 皆性之德而具於心者 由用而入體也 道者天理之當然 中而已矣也 由體而達用也 對體則爲用 對用則爲體 非若性只可言靜 而不可言動者也."

내세우며 본성은 동정과 체용의 상대성에 따라 규정될 수 없지만 도심은 그렇지 않으므로 자신이 오히려 '도(道)'에 대해 정확히 이해하고 있으며, 또 그렇기 때문에 도심이 미발의 본체가 될 수 있다는 것이다.

위의 글을 논증 형식으로 간추려 이해해보자. 첫째, [본체와 작용은 상대적이다. 모든 존재는 본체와 작용 두 측면으로 동시에 설명될 수 있다. 그러므로 도심은 미발지심이기도 하다.] 둘째, [본성은 고요함으로만 설명될 수 있을 뿐 움직임으로 설명될 수는 없다. 모든 존재는 본체와 작용 두 측면으로 동시에 설명될 수 있기 때문에 마음도 본체와 작용, 고요함과 움직임으로 설명될 수 있다. 그러므로 고요한 본체는 본성이 아니라 도심이다.] 셋째, [도심을 이발로 보기도 하고 미발로 보기도 한다. 도심을 대본으로 간주하기도 하고 달도로 간주하기도 한다. (미발과 이발, 대본과 달도는 본체와 작용의 관계와 같다.) 모든 존재는 항상 본체와 작용 두 측면으로 동시에 설명될 수 있다. (그러므로 도심을 미발이라 해도 좋고 이발이라 해도 좋으며 대본이라 해도 좋고 달도라 해도 좋다.)] 넷째, [본체와 작용은 상대적이다. 모든 존재는 본체와 작용 두 측면으로 동시에 설명될 수 있다. 그러므로 작용으로 인해 본체가 마음속에 내재하게 된다는 말도 옳고 본체가 존재하기 때문에 작용이 일어날 수 있다는 말도 옳다.] 첫 번째 논증의 결론은 도심을 미발지심으로 볼 수 없다는 이항의 주장을 비판한 것이다. 두 번째 논증은 체용의 상대성을 근거로 도심이 미발의 본체이지 본성이 미발의 본체인 것은 아니라고 주장한 것이다. 세 번째 논증도 체용관계의 상대성을 근거로 도심을 이발지심已發之心으로 한정할 수 없음을 지적한 것이다. 이 세 번째 논증의 결론은 첫 번째 논증으로부터 연역해낸 것이다. 네 번째 논증은 체와 용의 상대성을 부연 설명한 것이다.

첫 번째 논증의 결론(도심은 미발의 본체이기도 하다)과 세 번째 논증의 생략된 결론(도심을 이발이라 해도 좋고 미발이라 해도 좋다)에 주목해 보자. 이 두 명제의 함의는 다음과 같다. 첫째, 도심은 미발지심이다. 둘째, 도심은 미발지심이면서 이발지심이다. 이 두 개의 명제가 동시에 옳을 수 있는가? 만약 양립 불가능하다면, 노수신의 인심도심론人心道心論은 모순이다. 첫 번째 논증의 결론과 관련된 근거를 노수신은 다음과 같이 구체적으로 제시한다.

> 인심과 도심은 만수萬殊와 일본一本의 관계다. 과거의 성인과 미래의 성인이 하나로 통할 수 있는 것도 바로 이것 때문이다.[17]

도심은 유일무이한 마음의 본체(일본一本)고, 인심은 마음의 본체에 의해 움직이고 있는 현상적 존재로서의 마음(만수萬殊)이다. 이 논리에 입각하면, 도심은 미발지심이다. 그렇다면, 세 번째 논증의 생략된 결론을 어떻게 이해해야 하는가? 도심은 미발지심이고 또 이발지심인가? 다시 노수신의 논리(체용의 상대성)를 적용시켜 이해해 보자. 도심(본체)을 마음속에 내재하게 만드는 그

---

[17] 『穌齋集』, 內集下篇懼塞錄甲二, 人心道心辨, "人生而靜天之性也者 天理具於心也 感物而動性之欲也者 好惡形於心也 欲多誘於外 寂然不動者 心之無思無爲也 感而遂通天下之故者 心之而速而至也 通善走於岐 喜怒哀樂之未發謂之中者 大本之於心也 發而皆中節謂之和者 達道之於心也 然其發則不能皆中 誠無爲者 心之太極也 幾善惡者 心之陰陽也 謂之幾則必有善惡 此人心道心所以爲萬殊一本 而前聖後聖所以能同條共貫者也."

작용이 도리어 본체일 수 있다. 이때의 본체 개념은 '실제로 운동하는 것'이고, 작용 개념은 '그 운동에 의해 실현된 결과'다. 따라서 운동에 의해 실현된 것, 즉 이발지심이 본체일 수 있다. 또 작용을 일으키는 계기이자 원인이 되는 그 본체(도심)는 실제로 운동하는 것이므로 작용(이발지심)으로 볼 수 있고, 운동으로 드러난 현상(이발지심)은 본체가 드러난 것이므로 드러난 그것을 위주로 말하면 이발지심을 본체로 간주할 수 있다. 따라서 두 명제는 양립 가능한 것처럼 보인다.

두 번째 명제(도심은 미발지심이고 이발지심이다)를 분석해보자. 이 연언명제가 참이라면 문제될 것은 없다. 연언지 하나가 참임은 일본一本과 만수萬殊 관계에 기초한 논의에서 입증되었다. 그렇다면, 남은 연언지는 참인가? 느낌 이후를 도심으로 간주할 수도 있고 인심으로 간주할 수도 있다. 따라서 전자의 경우에 한하여 이 명제는 참이다. 만약 '이발지심은 도심이다'라고 했다면, 이 명제는 거짓이다. 따라서 위에서 제시한 자료만으로는 그것을 훌륭한 논증이라고 단언하기 힘들다.

주자는 다음과 같이 말했다. "마음을 이발로만 간주한다면, 인심과 도심 모두 근본 없는 마음이 되고 만다." 주자는 인심을 작용으로 간주하고 나서 왜 또 도심을 이발지심 중에서도 근본이 되는 것으로 삼고자 했는가? 왜 미발의 대본으로 삼지 않았는가? 정암(나흠순)이 이의를 제기하지 않을 수 없었던 이유가 바로 이것이다.[18]

---

18 『穌齋集』, 內集下篇懼塞錄甲二, 人心道心辨, "朱子嘗曰 只指心作已發 便一齊無本了 夫既有人心爲之用矣 又奚必以道心別爲大本之已發 而不以爲未發之大本乎 整庵所以不能無

노수신이 도심을 미발지심으로 간주한 까닭은 그것이 인심의 근본(본체)이 되어야 한다고 생각했기 때문이다. 그리고 나흠순이 주자의 인심도심론을 비판한 까닭도 바로 여기에 있다고 주장한다. 따라서 쟁점은 '움직이는 마음의 근본을 무엇으로 설정할 것인가?'이다. 나흠순과 노수신은 도심을 근본으로 설정했고, 또 움직이는 마음의 근본으로 삼은 이상 그것을 작용하는 마음이라고 단정할 수 없었던 것으로 보인다. 주자와 이항의 경우는 어떤가? 주자와 이항에게 있어서 마음이 움직이기 이전은 도심이 아니라 성이다. 그리고 이 성은 마음의 세계 안에 존재하면서 그 마음의 움직임과 관련된 마음의 본래 바탕(마음의 본체)이다.

미발의 본체를 도심이 아닌 성으로 간주한 주자와 이항의 입장은 나흠순과 노수신의 그것과 대비된다. 주자와 이항의 미발 개념은 인간의 추상적 본질이 실현되지 않은 단계다. 그러나 나흠순과 노수신의 미발 개념은 마음이 움직이지 않은 단계다. 전자는 본성의 실현에 초점이 맞춰져 있지만 후자는 마음의 작용에 초점이 맞춰져 있다. 이발 개념을 비교해 보자. 주자와 이항의 이발 개념은 '인간의 추상적 본질이 실현되고 있는 단계'이다. 느낌 위주로 말하면, 도심과 인심이다. 그리고 느낌에 의해 실현되고 있는 인간의 본질을 위주로 말하면, '사단의 정과 칠정의 정'으로 구분된다. 본성의 실현을 느낌 차원에서 설명하려는 시도로 이해된다. 그러나 노수신의 분류법은 이와 다르다. 노수

說者 此也."

신의 이발 개념은 마음이 움직이고 있는 단계일 뿐이다. "천리가 마음에 구비된 것을 도심이라 한다. 이 도심이 발할 때 기운의 작용에 힘입기 때문에 인심이라 부르는 것이다."[19]

> 마음은 지각일 뿐이다. 그러나 인심과 도심으로 구분된다. 형기形氣에서 발생하는 치우친 마음이 있는가 하면, (근원을) 성명性命에서 찾게 되는 올바른 마음도 있다. 지각한 것이 다르기 때문이다. 따라서 인심은 불안하고 도심은 드러나기 힘들다.[20]

주자는 지각에 의한 마음의 움직임을 지각한 것에 따라 인심과 도심으로 구분하여 설명한다. 실제로 다른 근원에서 발생하는 게 아니라 지각 내용에 따른 구분이라는 것이다. 마음이 불안하고 위태로우면 도덕적 자각 상태를 유지 회복하기 힘들다. 도덕의식은 존재하지만 불안한 마음이 그 양심의 목소리를 듣지 못한다. 그래서 도심은 드러나기 힘들다. 도덕심이 꿈틀거려 발휘되기 힘들다는 것이다. 양심의 목소리를 듣는 순간만큼은 미미한 도심의 작용이 활발해진다. 이때에야 비로소 동정의 때를 막론하고 과불급이 없는 상태를 유지할 수 있다. 이항도 마찬가지로 도심을 이발지심으로 분류하고 미발의 본체 본성의 실현을 도심의 활동과 연결시켜 보려는 입장에 속한다. 차이가 있다면,

---

19 『穌齋集』, 內集下篇懼塞錄甲二, 人心道心辨, "道心卽天理具於心者 而其發也以氣 故謂之人心."
20 『中庸章句』序, "心之虛靈知覺一而已矣 而以爲有人心道心之異者 則以其或生於形氣之私 或原於性命之正 而所以爲知覺者不同 是以 或危殆而不安 或微妙而難見耳."

주자는 인심과 도심을 '형기지사形氣之私'와 '성명지정性命之正'으로 구분하여 설명했고, 이항은 둘 다 이치理와 기운氣의 상호작용의 결과로 설명한다는 점이다. 마음의 움직임(느낌)이 본성 실현의 우선적이고 필수적 조건임을 강조하면서 감각적 경험이 일어나는 순간에 미미한 도심의 작용을 살려 나가야 한다는 것이다.

인심과 도심 모두 이치와 기운이 마음속에서 교발交發하는 공사기미公私幾微의 오묘한 작용이다. 요순과 같은 생지生知의 성인이나 대우와 같은 상지上智의 자질을 타고난 사람도 여기에서 공부하지 않을 수 없다. 그러므로 순임금은 '유정유일惟精惟一'이라는 말로 경계했던 것이다. 그대(노수신)는 '유정유일惟精惟一' 네 글자를 더 생각해봐야 한다. 이것이 사욕을 없애서 천리로 되돌아가는 일이다.[21]

이항이 주장한 정일精一 공부는 느낌 이후에 살아 움직이는 도심의 작용을 활발히 하는 공부다. 실제로 움직이고 있는 도덕심의 작용을 활발히 하는 것이 목적이다. 이 공부는 동정의 때를 막론하고 진행된다. "마음이 움직일 때에는 그 움직이는 마음(인심)을 살펴서(정精) 움직임 없는 마음의 본체를 인식하고, 마음이 고요할 때에는 본심(도심)이 올바른 마음임을 깨달아 움직이는 마음 바깥으로 떨어져 나가지 않도록 해야 한다(일一)"[22]라는 노

---

21 『一齋先生集』, 書, 與盧寡悔書, "人心道心 皆是理氣之交發於方寸之間 而公私幾微之妙用 非堯舜生知之聖 雖大禹上智之資 未免這裏下工夫 故舜以惟精惟一 戒之 君須更思惟精惟一四字 此便是克去己私 復還天理之功也."
22 『穌齋集』, 內集下篇懼塞錄甲二, 人心道心辨, "便有中節不中節 故危 而其未發則無形 故微 見其危而知其微 所以必加精一之功 精者 察人心 即所謂察夫二者之間而不雜也 在學者

수신의 주장과는 다른 것이다. 이항에게 있어서 도심은 실제로 살아 움직이고 있는 도덕심이고, 노수신에게 있어서 도심은 실제로 움직이고 있는 마음이 인식하고 자각해야 하는 마음의 본래성이다. 양자는 미묘한 차이가 있다. 전자는 도심과 인심의 구분이 이미 느낌 차원에서 확연하게 이뤄지지만, 후자의 경우는 작용 차원에서 그 작용의 결과를 본체와 관련시켜 판단함으로써 구분된다. 후자는 이발지심(만수萬殊)에 대한 선악의 판단이 순선한 도심(일본一本)의 드러남에 따라 이루어진다는 것이다.

 주자와 이항은 본성과 마음을 미발과 이발로 구분했다. 그리고 마음(이발)을 도심과 인심으로 구분하여 설명한 뒤 도심을 인심의 움직임에 있어 주재력을 지니는 마음으로 설명한다. 주재력을 지녔다는 점만큼은 마음의 근본인 본성의 존재 특성과 닮았다. 그러나 닮았다하더라도 본성과 마음은 엄밀히 구분된다. 주재력을 지녔다는 말은 본성이 움직이는 마음을 이끌거나 그 작용에 간여한다는 의미가 아니다. 또 도심이 인심의 작용을 좌지우지한다는 의미도 아니다. 마음의 움직임이 도덕적 가치의 실현과 연관되어 판단되는 맥락에서 본성은 그것의 표준이 된다. 마음이 움직인 결과가 도덕적 가치를 인지하고 실현한 경우 그것은 표준에 입각한 것이어서 '본성이 드러났다'고 표현된다. 반대로 표준에서 벗어난 것은 악으로 흐를 가능성이 있으므로 '본성을 드러내지 못한 경우'로 설명된다. 따라서 마음의 움직임의 근본을 마음 차원 너머에서 찾아 설정했다고 해서 그것이 움

則動時功也 一者 存道心 卽所謂守其本心之正而不離也 在學者則靜時功也."

직이는 마음의 근본 역할을 하지 못하거나 또는 현실성이 떨어지는 해결방식인 것은 아니다. 지각활동(마음의 움직임)의 표준을 지각활동의 주체인 마음에 맡겨두거나 또는 움직이고 있는 마음의 범주 안에 둘 수는 없다고 본 점에서 주자와 이항의 그것은 객관주의다.

이항의 입장을 논증 형식으로 정리하면 다음과 같다. [성리학에서 마음은 기운의 작용으로 설명된다. 기운의 작용은 그침이 없다. 따라서 마음이란 그침 없이 움직이는 존재다. 그러므로 마음이 움직이기 이전을 마음 개념으로 설명할 수는 없다. 도심을 미발의 심으로 간주할 수는 없다.] 이항은 다음과 같이 확신한다. "도심道心 두 글자의 의미는 움직이는 마음임이 분명하다."[23] 그리고 노수신은 그 확신을 체용의 상대성에 근거하여 반박한다. "인심유위人心惟危 도심유미道心惟微 유정유일惟精惟一 윤집궐중允執厥中 열여섯 글자에 대한 정암(나흠순)의 설명은 체와 용을 다 거론한 것이므로 성인의 가르침을 온전히 계승한 것입니다. 그러므로 늦게 태어난 사람이 한 말이라고 대수롭지 않게 보아 넘기지 않으셨으면 합니다."[24]

> 인심을 순선한 마음이 아니라고 말한다면, 도심을 미발이라 말해야 한다.[25]

---

23 『一齋先生集』書, 與盧寡悔書, "道心二字 發動底意 明矣."
24 『穌齋集』, 內集下篇懼塞錄甲二, 奉答一齋先生書, "整庵於十六言云云 體用兼擧 實爲聖道之大全 願勿以晚世之人而忽之."
25 『穌齋集』, 內集下篇懼塞錄甲二, 人心道心辨, "愚嘗自惑而竊嘆曰 人心爲人欲 則道心爲已發 可也 人心爲善惡 則道心爲未發可也."

노수신이 도심을 미발지심으로 간주한 또 다른 이유가 바로 여기에 있다. 논증 형식으로 정리하면 다음과 같다. [인심을 유선유악有善有惡한 마음이라고 말한다면, 도심을 미발이라 말해야 한다. (나는 인심을 유선유악有善有惡한 마음이라 말하고자 한다.) 그러므로 도심을 미발이라고 말해야 한다.] 두 번째 전제는 노수신의 입장에 서서 보충해 넣은 것이다. 이 논증의 첫 번째 전제를 검토해보자. 노수신은 다음과 같이 가정하고 있다. 첫째, 도심은 미발이고 인심은 이발이다. 둘째, 미발은 순선한 상태고 이발은 순선한 상태가 아니다. 셋째, 도심은 순선한 마음이고 인심은 순선한 마음이 아니다. 이 세 개의 가정 중에서 첫 번째 가정은 주자의 인심도심론과 다르다. 따라서 인심도심체용설에 대한 이항의 비판은 첫 번째 전제, 특히 그것의 첫 번째 가정에 대한 비판이다. 이런 점에서 이항의 인심도심론은 주자의 그것과 일치한다. 이 논증의 두 번째 전제를 검토해보자. 노수신이 생략한 전제를 보충해 넣은 것인데, 이 두 번째 전제는 성리학자라면 누구나 승인할 만한 전제다.

4. 이항이 제안한 해결책

마음의 문제는 인지 차원과 정서 차원에서 발생한다. 물론 이 두 차원이 교차되는 부분에서 발생되기도 한다. 따라서 마음의 문제를 해결하기 위해 이항이 제안한 방식은 적어도 이 두 차원 중 어느 하나의 차원에 초점을 맞춰 시작될 수밖에 없다. '심감성발심感性發 논증'을 분석하면서 도덕정감의 표출에 있어서 감각적 경험과 느낌이 중요하다는 사실을 언급했다. 그리고 '인심도심人心道心 논증'을 분석하면서 도덕적 가치에 대한 인식과 실천의 가능 근거(본성)에 대한 자기 확신과 그것이 어떻게 움직이고 있는 마음 차원(도심)에서 기능할 수 있는지에 대해 논의했다. 실제로 통제력을 발휘하고 있는 도심의 기능에 초점을 맞춘 이 논의는 인지적 차원에서 마음의 문제를 해결하려는 시도로 풀이된다. 그러나 이 두 차원에서 진행된 문제 해결의 성패는 마음공부와 실천에 달려있다는 점에 주목해야 한다. "많은 책을 두루 읽는 공부는 잠시 내려놓고 거경궁리하고 생각에 잠겨 이치를 터득해서 본성에 대한 확신을 갖고 그것을 함양하는 공부를 오랫동안 지속해야 합니다(묵사존성默思尊性 논증)."[26] 이항은 마음의 문제를 이론적 해명이 아닌 실천 공부의 문제로 보고 있다.

> 사서四書에 더 관심을 갖고, 일상의 일을 처리하면서 진실하게 실천하고 오랫동안 힘쓰길 바란다. 태극에 관한 논의에서 (이것 말고 더 중요한 것이) 뭐가 있겠는가?[27]

태극에 관한 논의란 본성에 대한 자각과 확신, 그리고 그것의 실현과 관련된 이론적 해명이다. 그러므로 마음의 문제에 속한다. 그러나 이 문제는 경험적 지식 또는 실천적 지식으로 해결

---

26 『一齋先生集』 書, 贈奇正字大升書, "須姑舍博覽群書 而居敬窮理默思自得 而尊性涵養之功久."
27 『一齋先生集』 書, 答奇正字書, "願君更着四書 於人事上眞積力久 則其於太極之論 何有哉."

될 수 있는 것이다. 따라서 마음의 문제에 대한 해결책은 일상의 일속에서 찾을 수밖에 없다(인사진력人事眞力 논증).

　감각적 경험과 지각 작용에 의해 깨달아야 할 것은 무엇인가? 실천적 지식으로 해결해야 하는 문제는 무엇이며 이 문제를 해결하기 위해 선행해야 할 공부는 무엇인가? 이항이 평생 동안 스스로 실행한 최선의 방법은 '경敬'이다. '경'은 그 정신적 사건을 더 생생하게 체험 성찰하게 해준다. 이로써 자아 완성에 한 걸음 더 가까이 다가서게 된다. "나는 평생 내 마음을 다스리는 방법으로 거경居敬만 취했다. 마음이 흔들릴 때나 평온할 때나 항상 방심을 거둬들이는 일을 마음공부의 핵심으로 삼았다."[28] 경은 방심을 거둬들이는 공부다. 경을 통해 거둬들여야 하는 그 마음은 도심이다. 거둬들이는 공부가 '정일精一' 공부다. 이렇게 하면, 도심의 작용은 활발해진다. 그리고 본성의 실현 가능성은 높아진다.

　경敬은 성학의 처음이자 끝이다. 초학자부터 성현에 이르기까지 누구나 주경主敬을 도의 경지에 이르는 방법으로 삼는다. 학문하는 사람이 주경공부를 소홀히 하면 그 학문은 거짓 학문이 된다. 맹자는 다음과 같이 말했다. "학문의 도에는 방심을 거둬들이는 방법만 있지 다른 방법은 없다." 맹자가 말한 그 방법이 주경공부다. 옛 성현들이 말씀해 놓은 것은 많지만 맹자의 그 말 한마디가 더 없이 좋은 말이다. 학문하는 사람으로서 방심을 거둬들인 뒤 오랜 세월

---

[28] 『一齋先生集』序, 一齋先生集序, "及其平生自治 一於居敬 動靜不捨 而以收放心爲用功之要."

이 지나도 그것을 잃지 않고 간직할 수 있다면, 못된 생각은 저절로 없어지고 모든 이치에 저절로 통하게 된다.[29]

논증 형식으로 재구성하면 다음과 같다. [맹자는 수방심收放心을 최선의 방법으로 삼았다. 그것은 주경主敬이다. 그러므로 주경은 최선의 방법이다.] 이항은 맹자의 그것을 주경으로 해석하면서, 마음의 문제를 해결하는 최선의 방법으로 강조한다. 또 이항에게 있어서 주경은 모든 이치에 통달하는 유일한 방법이다. 논증 형식으로 정리해보자. [주경을 실천하면, 못된 생각이 사라진다. 못된 생각이 사라지면, 모든 이치에 저절로 통하게 된다. 그러므로 주경을 실천하면, 모든 이치에 저절로 통하게 된다.(수렴자통收斂自通 논증)] 생각이란 마음의 움직임, 즉 느낌에 의해 형성된다. 못된 생각이란 마음의 움직임이 균형을 잃어버려 한 쪽으로 치우친 이기심이다. 인심이 강렬해진 상태다. 또 모든 이치에 저절로 통하게 되는 경지란 어떤 경지인가? 『대학』을 특히 중시했다는 점, 그리고 거경에 기초한 궁리 공부를 강조했다는 점을 근거로 위의 논증의 함의를 다음과 같이 재구성할 수 있다. [도심을 간직하면, 마음의 이치(본성)를 자각할 수 있다. 도심을 작용시키면, 사물의 이치(본질)를 깨달을 수 있다. 도심을 더 활발하게 작용시키면, 사물의 이치와 내 마음의 본성이 둘이 아닌 만리자통의 경지에 이르게 된다. 그러므로 '경'은 마음의

---

29 『一齋先生集』, 雜著, 示金君永貞, "且敬者 聖學之成始成終者也 自初學以至聖賢 皆以主敬爲進道之方 學而欠主敬工夫 則其爲學僞矣 孟子曰 學問之道無他 收放心而已 此是主敬工夫 古者群聖賢之言雖多 而於此一言 至矣盡矣 學者苟能收斂此心 久而不失 則群邪自息 而萬理自通."

문제를 해결하는 최선의 방법이다.]

거경은 "본성에 대한 자각과 본성에 따르는 행위"[30]를 가능하게 하는 최선의 방법이다. 그러므로 그것은 마음의 문제를 해결하는 가장 적절한 방식이다. 이 거경은 인지적 차원에서의 문제 해결과 어떤 관련이 있는가? 이 물음에 대한 답을 이항의 궁리窮理・궁경窮經과 연결시켜 살펴보자.

> 거경居敬은 밝은 지혜가 저절로 빛을 발하게 해주고, 궁경窮經은 모든 이치에 저절로 통하게 해준다. 성인이 되는 길은 이 네 글자에 있을 뿐이다. 아무리 다급해도 거경궁경居敬窮經하는 게 옳은 방법이다.[31]

거경은 동정을 일관하는 공부다. 거경은 모든 이치에 저절로 통하게 만들어주는 효과적인 공부 방법이다. 그러므로 그것은 도통의 길을 비추는 지혜의 등불과 같다. 거경은 못된 생각이 자리 잡지 않도록 자신의 마음을 비추는 거울과 같다. 성인의 경지에 이르는 최선의 방법이다. 마음 개념으로 설명하면, 도심이 곧 등불과 거울이 된다. 이 등불로 인해 밝게 볼 수 있고, 이 거울로 인해 성찰할 수 있다. 밝은 지혜와 반성적 성찰은 독서의 목표이기도 하다. 또 거경은 경전을 공부하는 최선의 방법이다. 경전의 이치를 깨닫는 것은 거경에 의해 좌우된다. "'경敬'

---

30 『一齋先生集』雜著, 奉贈敬勤齋, "敬勤偕立 明誠幷進."
31 『一齋先生集』書, 答白光弘書, "居敬則明睿自照 窮經則萬理自通 作聖之道 都在這箇四字 顧須顚沛造次 常必於是可也."

이 한 글자를 항상 마음에 두고 경전을 읽으면, 저절로 도에 통하게 된다. 저절로 도에 통하게 되면, 들은 말을 진리로 받들지 않을 수 없게 된다."32

거경과 함께 중시된 또 다른 공부는 '근학勤學'이다. 위에서 설명한 거경궁리의 효과는 근학을 전제한 것이다. 다시 말하면, 근학이 이루어지지 않으면 거경궁리의 목표는 달성될 수 없다. "못된 생각을 지우고 사심을 버려 모든 이치에 통하는 경지에 이르려면, 배움에 그침이 없어야 한다."33 또 이항은 다음과 같이 말한다.

> 학문의 도는 '경敬'과 '근勤'일 뿐이지 다른 방도는 없다. 거경근학을 제대로 하면, 매일 매달 매년 새로워질 수 있다. 그렇게 한다면, 이치에 밝고 행동은 독실해져 성현의 경지에 들어설 수 있다. 또 그렇게 한다면, 의심이 사라져 모든 이치에 저절로 통하게 되고 모든 병이 저절로 치유된다.34

학문을 게을리 하면, 거경궁리의 목적은 달성될 수 없다. 거경궁리 자체도 지속적인 노력 없이 의미를 갖지 못한다. 학문적 결실은 지속적인 노력에 의해 성취된다. 정리하면 다음과 같다. [잠시도 쉬지 않고 거경궁리하면, 이치에 밝고 행동이 독실해진

---

32 『一齋先生集』書, 答南秀才書, "敬之一字 不失於心上 而聖經賢傳 不離於眼前 則自然心通乎道 而尊其所聞矣 又須眞積力久 有終而已."
33 『一齋先生集』雜著, 偶書, "一言盡之 日學不息 萬理自通."
34 『一齋先生集』書, 答金博士麟厚書, "夫學問之道無他 敬勤而已 苟能居敬而勤學 則自然有日新而月新 月新而年新 理明行篤 浸入於聖賢之域 而群疑自通 百病自治矣."

다. 이치에 밝고 행동이 독실해지면, 성현의 경지에 들어설 수 있다. 성현의 경지에 들어서면, 모든 의심이 사라져 이치에 통달하게 된다. 모든 의심이 사라져 이치에 통달하게 되면, 마음의 문제는 저절로 치유된다.(백병자치百病自治 논증)] 재구성된 이 논증의 설득력은 첫 번째 전제의 오류 가능성이 적을수록 높아진다. 첫 번째 전제(조건명제)는 참인가? 먼저 이 전제의 전건의 사실성 여부를 따져봐야 한다. 잠시도 쉬지 않고 거경궁리할 수 있는가? 만약 그렇다면, 마음의 문제는 해결된 것이나 다름없다. 그러나 잠시도 쉬지 않고 거경궁리한 실례를 제시하기는 힘들다. 성공 여부는 그침 없는 노력에 달려있다. 그러므로 이론적 해석 작업은 마음의 문제를 실질적으로 해결하는데 큰 의미를 갖지 못한다. 이항의 문제 해결방식은 바로 이것이다.

5. 결어: 특징과 함의

마음에 관한 이항의 논증이 지니는 특징은 무엇인가? 그것의 함의는 무엇인가? 위에서 시도한 논증 분석과 평가 결과들이 이 물음에 대한 답이 된다. 이항의 글을 논증 형식으로 재구성하여 분석 검토한 결과를 요약하면, 다음과 같이 여섯 개의 논증으로 압축된다. '심감성발心感性發 논증', '인심도심人心道心 논증', '묵사존성默思尊性 논증', '인사진력人事眞力 논증', '수렴자통收斂自通 논증', '백병자치百病自治 논증'이 그것이다. 이 여섯 개의 논증들을 비교 검토하면, 마음에 관한 이항의 논증이 어떤 특징을 지니며,

그것의 함의가 무엇인지 명료해진다.

'심감성발心感性發 논증'은 느낌으로부터 본성이 드러나기 시작함을 주장한 것이다. 마음은 본성을 실재적인 것이 되도록 만드는 신령스런 물건이다. 마음은 선한 본성이 실현될 수 있는 것임을 보여주는 데 우선적이고 필수적인 조건이다. 그러므로 감각적 경험과 느낌은 가치 인지와 실현에 있어 중대한 의미를 지니는 사건이 아닐 수 없다. 느낌은 객관적 대상에 대한 감각과 지각작용을 가리킨다. 일상의 일을 처리하면서 마음의 문제를 해결하려는 그의 실천적 방법론의 기초 개념이다. 여기서 '일상의 일'이라는 표현은 공부란 실제적이고 지속적이어야 함을 강조하기 위한 것이다.

'인심도심人心道心 논증'은 도심이 이발임을 주장한 것이다. 이 논증은 도심을 느낌 이후의 마음으로 간주하면서 그것의 주재력이 실제적이고 지속적인 공부의 핵심임을 주장한 것이다. 그리고 이 도심의 주재력을 미발의 본체인 본성과 연계시켜 논의하기 위한 것이다. '심감성발心感性發 논증'과 연결시켜 볼 때, 이 도심에 대한 강조는 느낌과 본성의 드러남 사이의 필연성을 입증하는 것과 밀접한 관련이 있다.

'묵사존성默思尊性 논증'은 본성을 함양해야 함을 주장한 것이다. 전제는 본성에 대한 자각과 확신이다. 그리고 본성에 대한 자각과 확신의 전제는 거경궁리다. 거경궁리를 통해 본성에 대한 자각과 확신을 갖게 된다는 것이다. 이항은 여기서 묵상하는 삶을 주장한다. 묵상하는 삶에서 자득이 이루어지고 본성에 대한 자각이 이루어진다고 주장한다. 물론 묵상도 거경궁리의 토대 위에서 이루어져야만 하는 것임을 강조한다.

'인사진력人事眞力 논증'은 일상생활 속에서 진실하고 지속적으로 노력해야 함을 주장한 것이다. 마음의 문제에 대한 해결은 일상의 일 속에서 해결될 수 있는 문제다. 그리고 진실하고 지속적인 노력에 의해 해결될 수 있는 문제다. 일상은 느낌과 본성의 드러남, 이 두 사건의 필연적 관계를 입증해내야 하는 공부처다. 도심의 작용이 강조되지 않을 수 없다.

'수렴자통收斂自通 논증'은 모든 이치에 통하는 방법과 과정에 대해 논한 논증이다. 방심을 거둬들이면, 못된 생각과 의심은 저절로 사라진다는 것이다. 그리고 못된 생각과 의심이 사라지면, 모든 이치에 통하게 된다는 것이다. 그러므로 이항은 방심을 거둬들이는 공부가 모든 이치에 통하는 첫걸음임을 주장한다. 이항은 맹자의 이 공부 방법을 주경으로 풀이하면서 이 주경 공부를 의심 없는 확신에 이르는 방법으로 강조한다. 또 이 논증은 방심을 거둬들이는 주경 공부가 편벽된 마음을 없애줘 도덕심을 함양할 수 있다는 점, 그리고 이 함양된 도덕심에 기초한 도통의 길을 제시한 논증이기도 하다. 이항은 이 논증 속에서 저절로 통한다(자통自通)는 표현을 사용했다. 이것은 만리자통이 주경함양의 필연적 결과임을 말해주는 것이다.

'백병자치百病自治 논증'은 위에서 제시한 다섯 가지 논증을 결합한 논증이다. 부속 논증들을 정리하면 다음과 같다. 첫째, [게으름 피우지 않고 부지런히 거경공부를 실천하면, 이치에 밝게 통하고 행실은 독실해진다. 이치에 밝게 통하고 행실이 독실해지면, 모든 의심이 저절로 사라진다. 그러므로 게으름 피우지 않고 부지런히 거경공부를 실천하면, 모든 의심이 저절로 사라진다.] 둘째, [이치에 밝게 통하고 행실이 독실해지면, 모든 의심은 저절로 사라진다. 모든 의심이 저절로 사라지면, 마음의 병은 모두 저절로 치유된다.] 이 연쇄논증의 최종 결론은 '마음의 병이 저절로 치유된다'이다. 이항이 제안한 방법은 위에서 제시한 다섯 가지 논증에서 이미 언급한 공부 방법들이다. 이 논증은 거경과 근학이 마음의 문제를 해결하는데 반드시 선행되어야만 하는 공부 방법임을 강조한 것이다. 이항의 주장에 따르면, 마음을 병들게 하는 주요 원인은 본성의 실재성에 대한 의심과 이치에 대한 불확실한 앎이다. 선한 본성이 실재함을 믿고 누구나 본성에 따르는 삶이 가능함을 믿도록 만들려면, 내면에서 꿈틀거리는 사단의 정과 도덕심을 스스로 느껴봐야 한다는 것을 강조할 수밖에 없다. 이항이 강조한 '명성병진明誠竝進'의 공부 방법을 떠올려보라. 이 두 가지 의심을 거경과 궁리·궁경의 지속적인 공부로 해결할 수 있다고 이항은 확신했다.

　이항이 제시한 마음 논증들의 현대적 의의는 무엇인가? 그의 실천 지향적 성향에 주목하여 그 현대적 의의를 가늠해보면, 다음과 같다. 마음에 관한 이항의 논증들은 주자의 수양 방법론을 마음의 문제를 해결하는 데 활용한 것이다. 그것의 활용과 적용에 초점을 맞췄다. 비유하면, 이항의 마음 논증들은 마음의 병을 치유할 때 활용될 수 있는 수양 프로그램과 같다.

참고문헌

『穌齋集』.
『一齋集』.
『中庸章句』.
吳炳武,「一齋 李恒의 哲學思想」,『순천대학교논문집 인문사회과학편』제4집, 1985.
劉明鍾,「李一齋의 理氣渾一哲學」,『철학연구』제21집, 1975.
정대환,「一齋 李恒의 性理學(二)」,『철학연구』제96집, 2005.
최영성,「일재一齋의 학문과 사상에 대한 퇴계 이황의 평가: 성리설性理說을 중심으로」,『일재 이항의 사상·학문·이론에 관한 새로운 시각들』, 문예원, 2014.
황의동,「一齋 李恒의 교육사상」,『일재 이항 선생과 그 제자들의 구국의 업적』, 전북대 민족문화연구소, 2015.

일재一齋 이항李恒 선생의 교육사상

황의동
충남대학교 명예교수

1. 서언

일재 이항(1499~1576)은 16세기 사화기의 대표적인 유학자로 유희춘, 노진, 박순, 기대승과 함께 '호남 오현'[1]으로 일컬어진다. 그는 남명 조식, 하서 금인후, 퇴계 이황, 회재 이언적, 규암 송인수, 소재 노수신, 고봉 기대승 등 당대 명유들과 교유하여, 택당 이식은 "호남에는 상도에 이일재, 하도에는 기고봉이 있다"[2]고 말할 정도였다.
그의 자는 항지, 호는 일재, 본관은 성주, 시호는 문경인데, 서

---

1 이항 저, 권오영 역, 『국역 일재선생문집』 부록, 「청종향성묘소(고종 갑신)」, 일재선생문집국역추진위원회, 2002, 274쪽. 고영진은 『호남사림의 학맥과 사상』(혜안, 2007, 49쪽)에서 박순 대신에 김인후를 들고 있다.
2 이항 저, 권오영 역, 『국역 일재선생문집』 부록, 「조야기술」, 택당집, 330쪽.

울에서 태어나 활동하다가 40여세가 되어 호남 태인으로 내려와 만년을 보내고 이곳에서 생애를 마쳤다. 그는 청소년기 무예가 출중하여 호협한 생활로 보내다가 20대 후반에 백부 이자견[3]으로부터 깨우침을 받아 유학의 길로 들어서게 되었다.

  1526년 28세 무렵 이웃집 서생 고한좌의 집에 걸린 주자의 「백록동규」가 기묘학자들의 과정이라는 것을 알고 깨달아, 이후 분발하여 도봉산 망월암에 들어가 여러 해 동안 『대학』 등 경전을 읽고 도학에 전념하였다.[4] 성리학에 조예가 깊어 김인후, 노수신, 기대승 등 호남의 제유들과 학문 토론을 하고, 소위 이기일물설, 또는 이기일체설이라는 자신의 견해를 세워 주목을 받았다. 뿐만 아니라 그는 강학에도 힘써 건재 금천일을 비롯하여 금제민, 백광홍 등 많은 제자를 길러냈다. 그런데 일재는 송당 박영(1471~1540)의 문하에서 배웠는데, 박영은 신당 정붕의 문인이고 정붕은 한훤당 김굉필의 문인이므로, 일재의 학문연원은 김굉필 – 정붕 – 박영 – 이항으로 이어져[5] 여말 정몽주 – 길재 – 김숙자 – 김종직 – 김굉필로 내려온 사림파의 맥을 잇고 있다. 일찍이 정붕이 무오사화 전에 몸을 피하여 사화를 면하였고, 박영이 기묘사화 전에 서울을 떠나 선산으로 내려가 화를 면하였는데, 일재도 을사사화가 일어나기 전 태인으로 내려가 농사지으며 모친을 봉양하고 위기지학에 전념하였다.[6] 이러한 도학의

---

3 최영성은 호조판서를 지낸 중부 이자건으로 보고 있음.
4 『국역 일재선생문집』 부록, 「연보약초」.
5 권오영, 「일재 이항의 생애와 성리학적 위상」, 『호남의 큰 학자 일재 이항의 사상과 학문』, 정읍문화원, 2011. 3.23, 14쪽.
6 이항 저, 권오영 역, 『국역 일재선생문집』, 「해제」, 일재선생문집국역추진위원회, 2002, 8쪽.

학문연원은 그가 학자로서, 교육자로서 성장하는데 지대한 영향을 미쳤다. 즉 실천적 학풍이라든지, 위기지학의 학문태도라든지, 경을 중심으로 한 도덕주체의 정립 등 이러한 학풍이 도학적 연원에 무관하지 않다.

본고는 일재의 교육사상을 검토하는데 목적이 있다. 조선조의 유학자들은 학문연구와 교육활동을 병행했고, 또 조정의 부름을 받으면 나아가 경세에 참여하기도 하였다. 일재 자신도 교육자의 생애를 살았고, 그의 유학사상속에 교육에 관한 견해들이 함축되어 있다. 물론 교육에 관한 전문적인 글이 없는 것은 매우 유감이지만, 그의 적은 글속에서 교육에 대한 이론들을 모아 하나의 논리체계로 구성해 보고자 한다. 일재 이항에 관한 연구는 주로 성리학과 문학적 측면에서 많이 이루어져 왔다.[7] 그러나 일재의 교육사상에 관한 연구는 거의 전무한 형편이다.[8]

2. 스승으로서의 '일재'

위에서 언급한대로 조선조의 유학자들은 연구와 강의 그리고 경세를 겸해 온 것이 사실이다. 비록 경세에는 뜻이 없고 나아가지 못해도 연구와 강의는 유학자의 본래 임무였다. 이런 점에

---

7 황의동, 「일재 이항 연구의 방향과 과제」, 『호남의 큰 유학자 일재 이항의 사상과 학문』 참조.
8 이달석의 「일재 이항의 교육적 인간상」(『인문학연구』, 26, 조선대인문학연구소, 2001)이 대표적이다.

서 일재도 교육자임에 틀림없고 또 교육자로서의 생애를 살았다고 볼 수 있다.

일재의 학문적 역정은 남다른 바가 있다. 그것은 그가 남들처럼 유교적 환경에서 평탄하게 생장한 것이 아니라, 무예와 협객의 길에서 유학자의 길로 바꾸어 인생을 시작했다는 점이다. 다음 글은 일재의 청년시절에 있어서 변환의 과정을 잘 묘사해 주고 있다.

> 선생은 타고난 자품이 강건하고 굳세며 호매함이 빼어났다. 태어난 시기가 무오사화와 기묘사화의 후여서 몸을 궁마에 맡기고, 아울러 협객들 속에서 놀아 만 리를 달리는 뜻이 있었다. 나이가 거의 삼십이 되어 뉘우치고 깨달아 자책하고, 옛날의 습관을 고치고 성현의 글을 읽었다. 주자의 규훈을 얻고는 분발하여 도봉산 속에 들어가 손을 씻고 상복을 입고 단정하게 앉아, 마음을 전일하게 조섭하고 각고면려하고 용맹스럽게 살펴, 힘이 이른 것이 대개 오래되어 세차게 터득함이 있었다. 이윽고 송당 박선생이 도가 있고 또 무로 말미암아 진출했다는 것을 듣고는 발에 구덕이 배기도록 걸어가 모셨다.[9]

일재는 타고난 자품이 무인의 호방한 풍채를 타고난 것으로 전해진다. 또 이 시기는 무오사화, 기묘사화로 얼룩진 비정상의 시대였고, 올바른 뜻을 가진 젊은이라면 울분과 격정을 갖지 않

---

9 『국역 일재선생문집』, 「일재선생유집 서」, 2쪽.

을 수 없는 시대적 환경이었다. 일재 또한 이러한 시대적 한을 무예와 힘으로 풀고자 했는지도 모른다.

그러나 일재는 백부의 충고를 듣고 도학의 길을 결심하고, 또 이웃집 서생 고한좌의 벽에 걸린 「백록동규」의 내용과 의미를 알고 도학의 길을 걷게 된다. 또한 송당 박영이 무예로부터 유학의 도로 돌아와 큰 학자가 되었다는 소문을 듣고, 멀리 경상도 선산까지 가서 그의 문하에 종유하게 되었다. 이러한 일재의 청년시절의 변화는 그대로 교육의 소재가 되기에 족하다.

교육이란 인간의 바람직한 변화를 말한다. 무예에 소질이 있고 혈기 있는 청년 일재가 협객의 길, 무사의 길을 버리고 유학자의 길로 돌아선 그 자체가 교육적 의미를 갖는다.

유학 자체가 지행의 병진, 지행의 일치를 강조하는 것이지만, 특히 일재의 경우 그 자신이 실천적 노력을 중시한 것은 특징적이다. 그러므로 그는 학문에 있어서도 체인을 중시하였다.

> 선생이 이때부터 마음을 거두고 꼿꼿이 앉아서 외우거나 생각하여 반드시 체인하고 마음으로 깨달은 후에 그만두고자 하였다. 대개 오래지나 매우 세차게 터득할 수 있었다. 그러므로 평생의 논설이 대부분 자기의 체인에서 나온 것이고, 절대로 새롭고 기이한 말로 경전을 궤변하여 진리를 어지럽히는 일이 없었다.[10]

지식을 배우고 익혀 아는 것을 학문이라 하지만, 문제는 그것

---

10 『국역 일재선생문집』 부록, 「연보약초」.

을 얼마나 절실하고 철저하게 느끼고 깨달아 알며, 나아가 실천의 경지까지 이르러야 진정한 앎이요 학문이라 할 수 있는 것이다. 이런 점에서 일재가 자득, 체인을 중시하는 교육과 학문을 강조한 것은 매우 의미 있는 일이다. 다음 글은 교육자로서의 일재의 모습을 잘 표현해 주고 있다.

> 선생은 언어와 동정이 조금도 게으르거나 궁핍한 빛이 없었고 강독도 그치지 않았으며, 정채가 더욱 드러났는데, 오직 금공 천일이 선생과 같았다고 한다.[11]

이러한 일재의 스승으로서의 자품이 널리 알려져 문하에 많은 제자들을 불러 모으고 강학의 기풍을 진작하였다. 전해 오는 바에 의하면, 송인수가 전라도 관찰사로 나가 먼저 그를 방문하여 도를 강론하고는 "실천이 하필 장횡거보다 못하겠는가"라고 하였다 한다. 또 인근 고을의 금인후가 질문하고 매우 공경하여 섬기니, 이로부터 명성이 퍼져 학자들이 나아간 자가 더욱 많았다고 한다.[12] 이처럼 일재는 송인수로부터 장횡거에 비견 할 만큼 실천이 독실하였고, 송인수, 김인후와의 학문적 교류를 통해 명성이 자자하여 문하에 많은 제자들이 모여들게 되었다.

마찬가지로 신잠(1491~1554)이 기묘사화 후 전라도 장흥에 유배되었다가, 1544년 임용되어 일재가 살고 있던 태인 군수로 부

---

11 『국역 일재선생문집』 부록, 「연보약초」.
12 『국역 일재선생문집』, 「일재선생유집 서」, 3쪽.

임하였다. 신잠은 일재를 찾아와서 학문과 정치의 요점을 물었는데, 이때부터 많은 학자들이 일재의 문하에 모이기 시작하여 보림정사를 수리하여 확장하였다고 한다.[13] 보림정사는 그가 많은 제자들을 강학하던 교육의 장이었다.

"또한 1566년 일재 68세 때 명종의 부름을 받았는데, 남명 조식과 한 곳에서 만나게 되었다. 일재가 사도를 자임하고 후학을 맞아들여 의리를 강론하니 문하의 뜰이 가득 찼다."[14]고 「연보약초」는 전하고 있다. 이상 그의 생애에 드러난 교육자로서의 모습은 주목할 만하다. 철저하게 자기관리에 충실함으로써 교육자 내지 스승으로서의 품격을 갖추어 존경을 받고, 문하에 많은 제자들을 배출했던 것이다.

「문인록」에 의하면 그의 문인으로는 건재 금천일(1537~1593)을 비롯하여 극암 유몽학, 매당 금점, 오봉 금제민, 도탄 변사정, 금강 기효간, 형암 한윤명, 기봉 백광홍, 월계 송림, 설애 남언진, 송공필, 신석린, 칠봉 유승춘, 율정 금복억, 신부, 물재 안의, 기와 신개, 원모당 금후진, 오곡 안황, 월봉 금대립, 정언제, 한계 손홍록, 오개, 용암 금승적, 유인, 조장운, 서극홍, 매담 안창국, 둔재 유홍원, 성신당 조장희, 죽당 유영겸, 윤권, 죽비 유영근, 금현, 구암 금승서, 양졸당 금현룡, 월호 윤근, 금극인, 자강재 박세림, 매헌 소산록, 황원 등 41명이나 된다.

---

13 권오영, 앞의 책, 12쪽.
14 『국역 일재선생문집』 부록, 「연보약초」.

3. 일재의 교육사상

1) 교육의 목표: '성인聖人'에의 입지立志

일재에 있어서 교육의 목표는 무엇인가? 그것은 한 마디로 성인이 되고 군자가 되는데 있다. 그는 교육에 있어 입지의 성실을 말하면서 다음과 같이 성인을 목표로 제시하고 있다.

> 무릇 옛 사람의 학문은 입지가 성실하고 규모가 원대하며, 공부가 독실하고 부지런하여 반드시 성인을 기약하여 도달할 수 있다고 하였으니, 이것이 옛 사람이 옛 사람된 까닭이다. 지금의 학자는 입지가 성실하지 못하고 규모가 얕고 비근하며 공부가 독실하지 못하고, 성인은 높고 멀어서 행하기가 어렵다고 여겨 기약하여 미치지 못하니, 이것이 지금 사람이 지금 사람된 까닭이다.[15]

일재는 위와 같이 고금의 학문풍토를 비교하여 설명하고 있다. 옛날의 학문풍토는 입지가 성실하고 규모가 원대하며 공부가 독실하고 부지런하여 성인을 목표로 하되 그것이 가능하다고 보았다 한다. 반면 오늘의 학문 풍토는 입지가 성실하지도 못하고 규모가 얕고 비근하며 공부가 독실하지 못하여, 성인은 높고 멀어서 감히 바라볼 수 없고 도달할 수 없다고 여긴다는 것이

---

15 『국역 일재선생문집』, 「일재선생유집 서」, "夫古人之學 立志誠實 規模遠大 工夫篤勤 而必以聖人爲可期而至 此古人之所以爲古人也 今之學者 立志不誠 規模淺近 工夫不篤 而以爲聖人高遠難行 莫之期及 此今人之所以爲今人者也."

다. 교육은 그 내용면에서 여러 가지가 있지만, 유교 교육의 본질은 인성교육, 전인교육에 있다. 이렇게 볼 때, 일재는 인간 완성의 구경지로서 성인을 말하고, 그것이 교육이 가야할 목표이고 학문이 궁극적으로 지향해야 할 종착점이라고 본 것이다.

그는 문인 유몽학에게 준 「경근재명」에서도 요堯. 순舜을 공부의 기필처로 설정하고 있다.

> 경敬과 근勤이 함께 서고,
> 명明과 성誠이 함께 나아가면,
> 보지 못하고 듣지 못하는 곳에서,
> 더욱 경계하고 삼가야 한다.
> 늙음이 장차 이르는 줄 모름에
> 더욱 돈독하게 믿음을 더하게.
> 진리가 쌓이고 오래 힘쓰면
> 요堯. 순舜도 될 수 있다네.[16]

일재는 경敬과 근勤, 명明과 성誠을 공부의 지침으로 내세우고, 진리가 쌓이고 오래토록 힘쓰면, 누구나 요. 순과 같은 성인이 될 수 있다고 교훈을 주었다. 여기서도 학문을 통해 가야 할 궁극적 지향점은 요. 순과 같은 성인으로 설정된다. 마찬가지로 일재는 성인이 되는 길을 '거경궁경居敬窮經'네 글자라 하고 다

---

[16] 『국역 일재선생문집』 명, 「경근재명(증유군몽학)」, "敬勤偕立 明誠竝進 不睹不聞 尤當戒慎 不知老至 更加篤信 眞積力久 可爲堯舜."

음과 같이 설명하였다.

> 오직 요구하신 바의 증언을 살펴보시면, 거경과 궁경일 따름입니다. 거경하면 밝은 예睿지가 저절로 비치고 궁경하면 모든 이치가 저절로 통합니다. 성인이 되는 길은 모두 이 네 글자에 있으니, 바라건대 창졸간이라도 항상 여기에 기필하는 것이 옳을 줄 압니다.[17]

이와 같이 일재에 있어서 학문의 목표, 교육의 목표는 성인에 있었다. 성인은 유교가 추구하는 이상적인 인간상으로, 천지와 합일하는 덕을 지니고 인간의 준칙으로 설정되는 것이다.[18]

2) 교육과정: 사서四書와 『대학大學』

일재는 유교 교육의 기본을 사서에 두었다. 이는 주자의 견해를 충실히 계승한 것이라고 할 수 있다. 그는 학생들에게 사서의 중요성을 이렇게 강조하고 있다.

> 성인이 되는 공에 주자는 사서만을 말하고 다른 책을 말하지 않았으니, 바라건대 여러분은 잡서를 보지 말고 사서를 정밀하게 숙독하여 두루 이해하고 꿰뚫어 보아 자기의 도덕과 사업으로 삼은 연

---

17 『국역 일재선생문집』서,「답백대유광홍(을묘 8월 28일)」, "惟照所索贈言 居敬窮經而已 居敬 則明睿自照 窮經 則萬理自通 作聖之道 都在這箇四字 願須顚沛造次 常必於是 可也."
18 『율곡전서』권10 서2,「답성호원」, "天地 聖人之準則 而聖人 衆人之準則也." 『율곡전서』권22,「성학집요 4」, "聖人之德 與天爲一 神妙不測."

후에 육경에 미칠 수 있도록 하라. 그리하면 크게는 현이 되고 화하면 성이 될 것이니, 여기에 미치지 못하더라도 아름다운 이름을 잃지 않을 것이다. 아무개가 학자들에게 매번 이것을 알려주었는데도 힘쓰는 자가 드물었다. 여러분은 믿겠는가 믿지 않겠는가.[19]

일재는 주자가 성인이 되는 길을 사서로 안내했으니, 이에 따라 잡서를 보지 말고 오로지 사서만을 정밀히 숙독하여 철저히 이해하고 체인한 후에 육경六經의 공부를 제시하였다. 이처럼 그는 주자의 교육 과정법에 따라 사서를 중시하였다. 이러한 사서 중심의 교육 이론은 다음에서도 나타난다.

대개 주자가 성인이 되는 공에 있어서 사서만을 말하고 다른 책을 말하지 않았으니, 바라건대 그대도 다시 사서에만 마음을 붙이고 인사위에 진리를 쌓기를 힘써 오래되면 태극의 논의에 무슨 어려움이 있겠습니까? 정자가 『논어』와 『맹자』를 잘 공부했으면 육경은 공부하지 않아도 밝게 알 수 있다 했습니다. 주자도 "평생의 정력이 『대학』에 다 수록되어 있다" 라고 말했으니, 대개 정자와 주자가 도를 파악한 것이 옛 어진이가 이르지 못한 것에서 출중한 것은 진실로 이 때문입니다. 학자는 마땅히 이와 같아야 할 것입니다.[20]

---

[19] 『국역 일재선생문집』 잡저, 「시제생」, "作聖之功 朱子只言四書 不言他書 願諸子勿觀雜書 須精熟四書 融會透見 爲自家道德事業 然後可及六經 然則大而爲賢 化而爲聖 不及則亦不失令名 某於學者 每以是告焉 而從事者鮮 諸子信乎否."

[20] 『국역 일재선생문집』 서, 「답기명언」, "大凡朱子作聖之功 只言四書 不言他書 願君更着四書 於人事上眞積力久 則其於太極之論 何有哉 程子曰 語孟旣治 則六經可不治而明矣 朱子曰平生精力 盡在大學 蓋程朱見道 出於前賢所未到者 良以此也 學者當如是矣夫."

여기서도 일재는 정程. 주朱처럼 사서를 성인이 되는 공부의 기초로 제시하고 있다. 사서에 대한 이해가 깊으면 성리의 이해도 결코 어렵지 않다고 보았다. 그리고 정. 주의 위대한 공헌이 바로 사서에 대한 성리학적 이해에 있다고 보았다.

그런데 일재는 사서가운데에서도 특히 『대학』이 교육의 기초가 되어야 한다고 생각했다. 본래 유교의 경전은 13경이라 일컫지만, 학자마다 그 비중은 달리 이해되어 왔다. 『대학』은 유교의 학문체계와 규모를 설명한 입문서라고 할 수 있다. 그는 말하기를, "다만 『대학』은 여러 경전의 강령인데, 『대학』을 계통적으로 읽어 두루 이해하여 관통한다면 다른 책을 보는 것이 쉽다."[21]고 하였다. 또 "그대는 사서를 정밀하게 숙독하되 반드시 먼저 『대학』을 읽어 두루 이해하고 환하게 파악하여, 한 부의 『대학』을 가슴속에 품어 공자, 안자의 도가 아니라 곧 나의 심사라는 경지에 이르면, 다른 책을 보아도 얼음이 녹고 언 것이 풀리는 것 같아, 공부를 많이 하는 수고를 하지 않아도 될 것입니다."[22]라고 하였다. 『대학』공부가 유교 이해의 근본적인 기초가 되고, 이를 통해 다른 경전의 이해가 가능하고 나아가 여타 성리서의 이해도 가능하다고 보았다.

그런데 일재가 이와 같이 『대학』을 교육에 있어서 그 기초로 중시한 것은 스승인 박영의 영향이 컸다.[23] 박영은 「백록동규해」와 「대학도」를 저술하였고 도학의 기초를 매우 중시하였다.

---

21 『일재집』잡저, 「시금군영정」, "但大學群經之領 須統讀大學融會貫通 則看佗書便易."
22 『국역 일재선생문집』서, 「답남장보」, "君須精熟四書 必先讀大學 融會透見 一部大學 在於胸中 而非孔子顏子之道 乃我之心事 則看他書 如氷解凍釋 着不得多工夫."
23 최영성, 「'유무진도'의 도학자 일재 이항」, 『호남의 큰 학자 일재 이항의 사상과 학문』, 정읍문화원, 2011. 3.23, 68쪽.

3) 교육방법론

(1) 인심도심人心道心의 '정일집중精一執中'

일재의 교육론에서 인심도심론은 매우 중요한 의미를 갖는다. 교육이란 결국 인간의 변화이고, 그 변화의 핵심이 마음의 문제라고 할 수 있다. 인심도심의 문제는 유가철학 특히 성리학의 중심적 과제가 된다. 인심도심론은 일면 인간 심성의 존재론적 과제이기도 하지만, 궁극적으로는 마음의 운용이요 마음의 주재라는 측면에서 공부론의 중핵적 과제가 된다. 일재는 임심도심의 중요성을 다음과 같이 설명하고 있다.

> 무릇 인심도심의 설은 요. 순이 대우에게 전함으로부터 심성을 밝히고 기미를 살펴 그 중을 잡게 한 것이니, 천지가 개벽한 이후로부터 이같이 정밀하고 지극한 것이 없었습니다. 이것이 성학의 시원이고 도리의 근본입니다. 여기에 통하지 못하면 그 나머지는 볼 만한 것이 없습니다.[24]

인심도심의 설은 성학의 시원이고 도리의 근본이라고 그 의의를 강조한다. 그리고 이것은 요가 순에게 그리고 순이 우에게 전한 정치의 심법으로 심성을 밝히고 기미를 살펴 그 중용을 잡는데 요점이 있다 하였다. 일재는 인심도심을 구별해 설명하고

---

24 『국역 일재선생문집』서,「답허대휘」, "夫人心道心之說 自堯舜傳大禹也 明心性察幾微 執其中者 自天開地闢以來 未有若是其精且至矣 此聖學之祖 道理之根本也 於斯不通 則其餘不足觀也."

16자 심법의 의의를 다음과 같이 설명하였다.

> 또한 인심과 도심은 모두 이기理氣가 마음의 사이에서 사귀어 발한 것이고, 공사의 기미의 묘한 작용입니다. 요. 순같이 태어나면서부터 아는 성인이 아니면 비록 대우, 상지의 자질이라도 이러한 공부를 면하지 못합니다. 그러므로 순이 '오직 정밀하고 오직 한결같음(惟精惟一)'으로써 경계를 했으니, 그대는 다시 오직 '유정유일' 네 글자를 생각하시는 것이, 바로 자기의 사심을 이기고 천리에 다시 돌아가는 공입니다.[25]

인심과 도심은 모두 마음속에서 이기의 상호교섭에서 발한 것이고, 공사의 사이에서 기미의 오묘한 작용이라 하였다. 요. 순같이 타고난 성인이 아니라면 사람은 누구나 인심도심을 면할 수 없다 하였다. 따라서 순이 경계한 '유정유일'의 네 글자는 사심을 이기고 천리를 회복하는 길이라 하였다. 도심이란 도덕적 욕구에서 생긴 마음이요 공적인 욕구에 서 생긴 마음이고, 인심은 신체적 욕구에서 생긴 마음이요 사적 욕구에서 생긴 마음이다. 순은 우에게 "인심은 오직 위태롭고 도심은 오직 은미하니, 오직 정밀하고 오직 한결같아야 그 중을 잡을 수 있다" 하였다. 인심은 그 자체가 악한 것은 아니지만 인욕으로 갈 가능성이 있다. 그러므로 인심은 항상 위태로운 것이니 인심과 도심의 사이

---

25 『국역 일재선생문집』서, 「여노과회수신」, "且人心道心 皆是理氣之交發於方寸之間 而公私幾微之妙用也 非堯舜生知之聖 雖大愚上智之資 未免這裏下工夫 故舜以惟精惟一戒之 君須更思惟精惟一四字 此便是克去己私 復還天理之功也."

에서 정밀히 살펴야 한다. 또한 도심은 은밀하게 내재해 있으므로 드러나지 않으므로 오직 한결같이 보존해야 한다. 이처럼 정밀하게 살피고 한결같이 보존하는 정일精一의 노력을 통해 중용의 마음을 지닐 수 있는 것이다.

(2) 거경과 궁경

일재의 교육사상에서 중요한 방법론은 거경과 궁경이다. 거경은 경의 생활화요 실천이라면 궁경은 경전의 궁구를 의미한다. 즉 궁경은 결국 정. 주가 말하는 궁리의 의미라고 볼 수 있다. 따라서 거경과 궁경은 곧 거경과 궁리를 의미한다. 다음은 일재가 성인이 되는 길을 '거경궁경'으로 보고 있는 글이다.

> 오직 요구하신 바의 증언을 살펴보시면, 거경과 궁경일 따름입니다. 거경하면 밝은 예지가 저절로 비치고 궁경하면 모든 이치가 저절로 통합니다. 성인이 되는 길은 모두 이 네 글자에 있으니, 바라건대 창졸간이라도 항상 여기에 기필하는 것이 옳을 줄 압니다.[26]

이와 같이 일재는 성인지도聖人之道의 구체적인 방법론으로 '거경궁경' 네 글자를 제시하였다. 그가 궁리를 궁경으로 언표하는 점은 남다른 점이지만, 거경궁리를 학문과 교육의 방법론으로 제시하는 것은 전통적인 성리학의 이론에 근거한 것이다. 그는

---

26 『국역 일재선생문집』서, 「답백대유광홍(을묘 8월 28일)」, "惟照所索贈言 居敬窮經而已 居敬 則明睿自照 窮經 則萬理自通 作聖之道 都在這箇四字 願須顚顚沛造次 常必於是 可也."

거경하면 밝은 예지가 저절로 비치고, 궁경하면 모든 이치가 저절로 통한다고 하여, 거경과 궁경을 학문하는 데 있어 상보적으로 이해하였다.

그는 노수신에게 주는 글에서 "우리 동방의 도통의 전함이 그대에게 달려 있으니, 방탕하게 술을 마시지 말고 다시 거경과 궁경의 공을 더하시어, 진리를 쌓고 힘쓰기를 오래하여 정미精微를 극진히 하고 고명高明을 극도로 하여, 무거운 임무를 지켜 나가기를 간절히 바랍니다."[27] 라고 당부하였다. 여기서도 일재는 노수신에게 큰 기대를 하면서, 거경과 궁경을 간곡하게 당부하고 있는 것이다. 그는 또 기대승에게 주는 글에서도 다음과 같이 거경궁리를 강조하고 있다.

> 널리 많은 책을 보는 것은 그만두시고, 거경하고 궁리하며 묵묵히 생각하여 스스로 터득해서 성을 높이고 함양하는 공이 오래되면, 리와 기가 비록 두 가지 모습인 것 같으나 혼연한 일물의 체가 되는 것을 자연히 터득할 것입니다.[28]

널리 많은 책을 읽는 것을 경계하고 거경과 궁리를 기본으로 삼고, 묵묵히 사색하여 자득하고 존성함양하는 노력이 오래되면, 이기일물의 묘용을 자연히 터득하게 될 것이라 하였다.

---

27 『국역 일재선생문집』서, 「여노과회(신유 12월 20일)」, "吾東方道統之傳 在乎君 須勿放飮酒 更加居敬窮經之功 眞積力久 盡精微極高明 以保重任 幸甚."
28 『국역 일재선생문집』서, 「여기명언대승」, "須姑舍博覽群書 而居敬窮理 默思自得 而尊性涵養之功久 則理氣雖似二樣 而渾然一物之體 自然見得矣."

조선조 성리학에서 경은 학문하는 지남으로 많이 제시되고 있지만, 일재의 경우에도 예외는 아니다. 그는 '일재'라는 서재를 자호로 썼는데, 그 '일재'의 '일'은 다름 아닌 '주일무적'의 '주일'로 곧 전일의 경을 의미하는 말이다. 일재는 "평생 자치에 이르러서는 거경에 한결같아 동정에도 버리지 않고 방심을 수습하는 것으로 공부하는 요점을 삼았다."고 한다.[29] 그는 말하기를, "경 한 글자가 마음 위에서 잃지 않고 성인의 경과 현인의 전이 눈앞에서 떠나지 않는다면, 자연히 마음이 도에 통하여 들은 것을 존신하게 됩니다. 또 진리를 쌓고 오래도록 힘쓴다면 유종이 있을 따름입니다."[30]라고 하여 경의 중요성을 강조하고 있다.

다음은 일재가 경을 성학의 종시로 삼아 그 중요성을 설명한 글이다. 그 내용을 보기로 하자.

경이란 성학의 처음을 이루고 마침을 이루는 것이다. 초학으로부터 성현에 이르기까지 모두 경을 위주로 하는 것을 도에 나아가는 방법으로 삼는다. 학문을 하되 경을 위주로 하는 공부를 빠뜨린다면 그 학문됨은 거짓이다. 맹자가 "학문의 도는 다른 것이 없다. 방심을 수습할 뿐이다"라고 했으니, 이것이 경을 위주로 하는 공부이다. 옛날에 여러 성현의 말씀이 비록 많으나, 여기에서의 한 마디 말씀이 지극하고 극진하다. 학자가 진실로 이러한 마음을 수렴하여

---

29 『국역 일재선생문집』, 「일재선생유집 서」, "其平生自治 一於居敬 動靜不捨 而收放心爲用功之要."
30 『국역 일재선생문집』서, 「답남장보언기」, "敬之一字 不失於心上 而聖經賢傳 不離於眼前 則自然心通乎道 而尊其所聞矣 又須眞積力久 有終而已."

오래도록 잃지 않는다면, 뭇 사특함이 저절로 없어지고 온갖 이치가 저절로 통하니, 이것은 나의 망령된 말이 아니요, 곧 선성의 유훈이어서 매양 학자들에게 이것을 이야기했다.[31]

여기서 일재는 경을 성학의 끝이요 시작이라 하고, 경은 성현이나 초학자나 모두가 도에 나아가는 방법이라 하였다. 만약 학문하는 자가 경을 결여한다면 그 학문은 거짓이라 단언하였다. 그는 맹자가 '학문의 길은 다름 아닌 구방심'[32]이라 한 것을 인용해 방심의 수습을 곧 경으로 해석하였다. 따라서 경을 마음 속 깊이 간직하고 잃지 않는다면, 온갖 사특함이 저절로 없어지고 온갖 이치가 저절로 통하게 되는데, 이것은 자신의 평소 아언으로 늘 강조해 온 심법이라 하였다.

그런데 일재는 궁경 내지 궁리의 방법으로 정과 숙을 말한다. 일재의 교육방법론에서 주목되는 것이 정과 숙인데, 그는 다음과 같이 이에 관해 설명하고 있다.

학자가 사서를 정밀하게 숙독하여 진리를 쌓고 오래 힘쓰면 도가 상달할 수 있고 역을 궁구하는 형세가 어렵지 않다. 대개 정밀하되 숙독하지 않으면 도를 알 수 없고, 숙독하되 정밀하지 않으면 또한 도를 알 수 없다. 정과 숙이 모두 이른 후에 골자를 투시하여 알 수

---

31 『일재집』, 잡저,「시금군영정」, "且敬者 聖學之成始成終者也 自初學以至聖賢 皆以主敬爲進道之方 學而欠主敬工夫 則其爲學僞矣 孟子曰 學問之道無他 收放心而已 此是主敬工夫 古者群聖賢之言雖多 而於此一言 至矣盡矣 學者苟能收斂此心 久而不失 則群邪自息 而萬理自通 此非我妄言 乃先聖之遺訓 而每於學者 以是告焉."
32 『맹자』,「고자 상」.

있을 따름이다.[33]

　일재는 위에서 언급한대로 사서를 공부의 기본교재로 중시해 왔다. 그는 배우는 사람은 사서를 정밀하게 숙독하여 진리를 쌓고 오래 힘쓰면 도가 높은 경지에 도달할 수 있다 하였다.
　그런데 일재에 있어서 도에 이르는 요령은 정과 숙이다. 정이란 공부의 밀도를 높이고 심화하는 작업이며, 숙이란 반복적인 노력을 통해 이해의 완성도를 높이는 작업이다. 정이 질적인 학습요령이라면, 숙은 양적인 학습요령이라 할 수 있다. 일재는 정밀하되 숙독하지 않으면 도를 알 수 없고, 숙독하되 정밀하지 않으면 또한 도를 알 수 없다고 하였다. 정과 숙은 학습에 있어서 상호 보완적이다. 양자는 어느 하나도 결여되어서는 안 된다. 정과 숙, 숙과 정을 통해 진리의 인식, 도의 이해가 원만하게 이루어질 수 있다.

　(3) 경과 근
　일재는 또 경과 함께 근을 아울러 공부의 방법으로 강조하기도 하였다. 이는 지경과 근학을 의미하는데 다음 글을 보기로 하자.

　　무릇 학문의 도는 다름 아니라 경과 근일 뿐입니다. 진실로 거경

---

33 『일재집』, 「시금군영정」, "學者須精熟四書 眞積力久 則可以知其道之上達 而窮易勢不難矣 蓋精而未熟 則不可以知道 熟而未精 則亦不可以知道 精與熟俱到 然後可以透見骨子耳."

하고 학문에 부지런히면 자연히 날로 새롭고 달로 새롭고 해로 새로
워져, 이치가 밝고 행실이 돈독해져 넉넉하게 성현의 경지에 들어가,
여러 의심이 저절로 통하고 모든 병이 저절로 치료될 것입니다.[34]

여기서 일재는 학문의 길을 경과 근으로 요약 제시한다. 경은
동정에 관계없이 마음을 한 곳에 모아 흐트러짐이 없는 것이라
면, 근은 지행의 노력을 부지런히 하는 것이다. 거경도 궁리도
꾸준히 노력하는데서 그 실을 얻을 수 있다. 앞에서 일재가 학
문하는 방법으로 정과 숙을 제시한 바 있듯이, 이 숙이야말로
여기에서의 근과 상통하는 것이다.
 그는 문인 유몽학에게 주는 글 「경근재명」에서도 다음과 같
이 경과 근을 강조하고 있다.

    경과 근이 함께 서고,
    명과 성이 함께 나아가면,
    보지 못하고 듣지 못하는 곳에서,
    더욱 경계하고 삼가야 한다.
    늙음이 장차 이르는 줄 모름에
    더욱 돈독하게 믿음을 더하게.
    진리가 쌓이고 오래 힘쓰면
    요, 순도 될 수 있다네.[35]

---

34 『국역 일재선생문집』 서, 「답금후지인후」, "夫學問之道無他 敬勤而已 苟能居敬而勤學 則 自然有日新而月新 月新而年新 理明行篤 優入於聖賢之域 而群疑自通 百病自治矣."
35 『국역 일재선생문집』 명, 「경근재명(증유군몽학)」, "敬勤偕立 明誠並進 不睹不聞 尤當戒 愼 不知老至 更加篤信 眞積力久 可爲堯舜."

여기에서도 일재는 요, 순과 같은 성인이 되는 길을 경과 근, 명과 성으로 제시하고 있다. 『중용』에 의하면, "성으로부터 명에 이르는 것을 성이라 한다"[36]고 하였다. 이 성은 인간본성으로서 이 본성대로 행하는 사람을 성인이라고 한다. 또 "명에서 성에 이르는 것을 교敎라 한다"[37]고 하였는데, 이는 현실세계로부터 이상적 경지에 이르고자 하는 것이 곧 교육인 것이다. 전자는 성인의 일이라면 후자는 중인의 일이라 할 수 있다. 여기 『중용』에서의 명이 곧 근과 상통하는 의미다. 그러므로 일재는 "사람을 가르침에는 또한 곤면과 백천으로써 기질을 변화시키는 것으로 임무를 삼았다"[38]고 평가 받는 것이다. 일재 자신이 무예의 길에서 뒤늦게 깨달아 도학의 길을 걸었고, 또 만학의 고단한 길을 걸었듯이, 그는 공부, 학문, 교육에 있어서 근, 숙, 명과 같은 인간의 성실한 노력을 중시했던 것이다. 공자 이른바 '곤이지지'와 『중용』에서 "남이 한 번을 해서 능하면 나는 백번을 하고, 남이 열 번을 해서 능하면 나는 천 번을 한다"는 교훈을 교육의 방법으로 삼았던 것이다.

일재는 일찍이 노래를 지어 학업을 강론하는 여가에 여러 유생들로 하여금 부르게 하여 힘쓰게 하고 진작하는 바탕으로 삼았다고 한다. 그 노래는 다음과 같다. "누가 태산이 높다 했는가? 저절로 천하의 산이라네. 오르고 오르며 또 오르고 오르면, 저절로 꼭대기에 도달할 수 있는데, 사람이 이미 스스로 오르지

---

36 『중용』 제21장, "自誠明 謂之性."
37 『중용』 제21장, "自明誠 謂之教."
38 『국역 일재선생문집』, 「일재선생유집 서」, "教人則又以困勉百千 變化氣質爲務…"

않고 매번 태산만 높다고 말하네."³⁹ 이것이 전해오는 일명 「태산가」인데,⁴⁰ 이 시조에서도 일재는 각고의 노력, 백 번 천 번 오르고 또 오르는 노력의 중요성을 강조하고 있다. 그가 얼마나 교육에서 노력의 중요성을 강조하고 있는가를 잘 알 수 있다. 이런 맥락에서 그는 학문이나 교육에서 '유종의 미'를 강조한다.

> 대개 학문의 공은 유종이 가장 어려우니, 어찌 삼가기를 생각하지 않겠습니까? 천년의 후에 호걸스런 선비가 아니면 유종의 미를 거두기가 어려우니, 빼어나 우뚝하게 서고 용감하게 나아가 항상 쉬지 않는다면 매우 다행이겠습니다.⁴¹

일재는 학문이나 교육에서 끝맺음이 중요하다고 보았다. 이는 공부의 처음 입지가 마침내 이루어지는 경계를 말하는 것이기도 하다. 아무리 좋은 뜻을 가졌다 하더라도 중도에 그만두면 결과는 볼 수 없고, 또 아무리 시작은 잘했어도 끝까지 나아가지 않으면 소기의 성과는 기대할 수 없다. 이렇게 일재가 말하는 유종의 미를 거두기 위해서는 무엇보다 각고의 노력 즉 근, 숙, 명, 불식의 노력이 중요하다. 꾸준히 초심을 잃지 않고 입지를 반드시 실천해 나가는 용기와 노력이 중요하다. 그러므로 그는

---

39 이 고가는 본래 양사언의 작으로 알려져 있으나, 성주 이씨 집안에서는 일재 이항의 작으로 알고 있다. 실학자 황윤석은 이 고가를 한문으로 번역하여 싣고, 일재가 지은 노래로 세전되어 오고 있다 하였다.(『국역 일재선생문집』 부록, 「연보약초」, 주) 7 참조.
40 유종국, 「일재 이항의 시문학 연구」, 『호남의 큰 학자 일재 이항의 사상과 학문』, 정읍문화원, 2011, 91~95쪽 참조.
41 『국역 일재선생문집』 서, 「답금후지인후」, "大凡學問之功 有終最難 豈不念慎哉 千載之下 非豪傑之士 鮮克有終 須挺然特立而勇進 不息十分 幸甚幸甚."

"한 마디 말로 다 표현하자면, 학문을 쉬지 않으면 모든 이치가 저절로 통한다."⁴²고 말하는 것이고, 이는 다름 아닌 자강불식의 노력을 의미하는 것이라 하겠다.

이처럼 실천을 중시하고, 위기지학을 지향하며, 염약敛約의 경에 전념하는 일재의 학풍은 조선 초 도학의 학풍을 계승한 것이라 해도 지나치지 않는다. 그리고 이는 스승인 송당 박영의 학풍을 계승한 것으로,⁴³ 당대 도우였던 서경덕, 성운, 조식, 이황 등의 학풍과도 일맥상통하는 것이다. 이렇게 볼 때, 명재 윤증이 일재를 가리켜 '자신에게 돌이켜 반성하고 마음을 가다듬어 깊이 생각하며, 참으로 알고 실제로 행동에 옮기는 것[反己潛心 眞知實踐]'⁴⁴이라고 평한 것은 그의 학문태도, 교육철학의 본령을 잘 표현한 것이라 할 수 있다.

4. 결어

이상에서 일재의 교육사상에 관해 검토해 보았는데, 일재는 분명 평생 학자로서 교육자로서 살았다. 그러나 교육에 관한 전문적인 글이 보이지 않는 것은 매우 아쉬운 점이다. 그의 생애와 문집의 글 속에 산견되는 교육적 요소들을 찾아 이를 하나의

---

42 『국역 일재선생문집』 잡저, 「우서」, "一言盡之 日學不息 萬理自通."
43 최영성, 「'유무진도'의 도학자 일재 이항」, 『호남의 큰 학자 일재 이항의 사상과 학문』, 정읍문화원, 2011. 3. 23, 68쪽.
44 『명재유고』 권32, 「일재집발」.

교육사상으로 묶어 보고자 노력하였다. 일재의 교육사상을 요약하면 다음과 같다.

첫째, 일재의 교육사상에서 목표는 '성인'이 되는 데 있었다. 이는 새로운 것은 아니고 전통적인 유교의 교육론을 따른 것이다. 일반적으로 성인은 이상적인 개념이지만 일재는 누구나 노력하면 가능하다는 현실적 성인론을 말하고 있다. 즉 성인은 높고 멀어 중인이 미칠 수 없는 영역이 아니라, 누구나 노력하면 실현 가능하다는 것이 일재의 성인론이다.

둘째, 일재는 교육과정에서 사서와 『대학』을 중시하였다. 그는 주자의 견해를 따라 사서를 매우 중시하였다. 사서의 이해가 투철하면 나머지 육경도 어렵지 않다고 보고, 사서의 체인을 강조하였다. 특히 사서 가운데에서도 『대학』을 중시하여 교육의 입문서 내지 기초로 중시하였다.

셋째, 교육의 방법론으로 인심도심의 '정일집중'을 강조하였다. 교육은 인간의 바람직한 변화이며 그것은 곧 마음의 공부라는 측면에서 인심도심의 문제를 중시하였다. 『서경』 「대우모」편의 "인심은 오직 위태롭고 도심은 오직 은미하니, 오직 정밀히 살피고 오직 한결같이 하여 그 중을 잡으라"는 16자 심법을 학문 내지 교육의 방법론으로 제시하였다.

넷째, 교육의 방법론으로 거경과 궁경을 강조하였는데, 이는 지행의 병진을 상보적으로 이해한 것이다. 그리고 이는 정. 주의 거경과 궁리를 말하는 것으로 유학에 있어서 지행의 방법을 말하는 것이다. 특히 그는 궁경 내지 궁리의 방법으로 다시 정과 숙을 강조하였는데 이는 매우 특징적인 것이다. 정은 학문의

질적 심화를 의미하고, 숙은 학문의 양적 확대와 반복적인 노력을 말하는 것이다. 그는 정과 숙의 상보적인 노력을 통해 궁리가 가능하다고 보았다.

다섯째, 교육의 방법론으로 경과 근을 제시하였다. 이는 지경과 근학인데, 일재가 경에다 근을 아울러 강조하는 점은 특징적이다. 일재는 위에서 정과 함께 숙을 말하였는데, 이 숙이 곧 근과 상통하는 말이다. 지행 모두에 부지런함과 지속적인 노력을 중시하는 의미다. 이런 점에서 그는 유종의 미를 강조하기도 하였다. 남이 한 번 하면 나는 백 번을 하고, 남이 열 번을 하면 나는 천 번을 한다는 각고의 노력, 자강불식의 노력을 강조한 것이다. 학문이나 교육에서의 성실한 노력과 처음의 뜻을 반드시 실현해 성공하는 유종의 미를 강조한 것이다.

이와 같이 일재가 교육에 있어서 마음공부의 중요성, 경의 중요성, 근, 숙, 명이라는 노력의 중요성, 초지일관의 정신을 강조한 것은, 현대 교육이 안고 있는 문제 해결에 대안이 될 수 있는 것이다.

참고문헌

『일재집』, 『중용』, 『맹자』, 『율곡전서』, 『명재유고』
이항 저, 권오영 역, 『국역 일재선생문집』, 일재선생문집국역추진위원회, 2002.
권오영, 「일재 이항의 생애와 성리학적 위상」, 『호남의 큰 유학자 일재 이항의 사상과 학문』, 정읍문화원, 2011.
최영성, 「'유무진도'의 도학자 일재 이항」, 『호남의 큰 유학자 일재 이항의 사상과 학문』, 정읍문화원, 2011.
유종국, 「일재 이항의 시문학 연구」, 『호남의 큰 유학자 일재 이항의 사상과 학문』, 정읍문화원, 2011.
이달석, 「일재 이항의 교육적 인간상」, 『인문학연구』, 26, 조선대인문학연구소, 2001.
황의동, 「일재 이항 연구의 방향과 과제」, 『호남의 큰 학자 일재 이항의 사상과 학문』, 정읍문화원, 2011.

건재健齋 김천일金千鎰 선생의 생애와 업적

유종국
전북과학대학교 교수

1. 서언

절의란 국가의 명맥이다. 이는 민족의 정기로서 이를 숭상하느냐의 여부에 따라 국가의 흥亡과 민족의 성쇠가 좌우되는 것이다. 고금동서가 한결같이 선열을 추모하고, 나아가서 의적을 역사에 기록하고, 그분들에 대한 연구와 선양하는 사업을 통하여 그 빛을 후세에 길이 전하는 일이야말로 실로 중요한 의의가 있는 것이다.

우리나라가 지리적으로 동북아시아 모퉁이에서 열강의 요충에 처하여 수천 년 내려오는 동안 왜란, 호란 등 허다한 국난을 당하였다. 그 때마다 우리의 무수한 선열들이 목숨을 바쳐서 대의로 나아가서 난국을 타개하였다. 이는 우리 선열들이 절의를 숭상해왔기에 가능하였다. 이러한 정신은 우리 민족의 큰 자랑이다. 정충대절이 특히 호남에서 많이 배출하였음은 또한 이 고장 호남의 자랑이 아닐 수 없다.

본고는 전라도 나주에서 태어나 일재 이항 선생의 문하에서 학문을 연마하고 입신행도하신 건재 김천일 장군에 대한 생애와 업적을 살펴서 일괄 정리하여 그분의 위업을 알아보려 함에 그 목적이 있다. 건재 김천일 선생 약력을 요약하면 이러하다.

본관은 언양彦陽, 자는 사중士重, 호는 건재健齋, 나주 출신이다. 할아버지는 주부 윤손潤孫이고, 아버지는 진사 언침彦琛이며, 어머니는 양성 이씨陽城李氏로 부위副尉 이감李瑊의 딸이다. 이항李恒의 문인으로, 김인후金麟厚, 유희춘柳希春 등과 교유하였다. 1573년(선조 6) 탁행卓行으로 발탁되어 처음 군기시주부軍器寺主簿가 된 뒤 용안현감龍安縣監과 강원도 도사, 경상도의 도사를 역임하였다. 사헌부 지평持平을 제수하였으나 사양하고 상소를 올려 시폐 척결을 건의하였다. 임실현감, 순창군수, 담양부사, 한성부 서윤, 수원부사를 역임하면서 선정을 베풀었다.

1592년 임진왜란이 일어나 적의 대군이 북상해 서울이 함락되고 국왕이 서행西幸했다는 소식에 접하자 고경명高敬命, 박광옥朴光玉, 최경회崔慶會 등에게 글을 보내 창의기병倡義起兵할 것을 제의하는 한편, 담양에서 고경명 등과도 협의하였다. 그 뒤 나주에서 송제민宋濟民, 양산숙梁山璹, 임환林懽 등과 함께 호남에서 제일 먼저 의병의 기치를 들고 의병 300명을 모아 북쪽으로 출병하였다. 한편, 공주에서 의병장 조헌趙憲과 더불어 호서지방 의병에 관해 협의하고는 곧 수원에 도착하였다. 북상할 때 수원의 연도에서 스스로 의병에 참가한 자와 또 호서방면에서 모집한 숫자가 크게 늘어나자 군세는 사기를 떨쳤다. 수원의 독성산성 禿城山城을 거점으로 본격적인 군사 활동을 전개, 유격전으로 개가를 올렸다. 특히, 금령전투金嶺戰鬪에서는 일시에 적 15명을 참살하고 많은 전리품을 노획하는 대전과를 올렸다. 8월 전라병사에 최원崔遠의 관군과 함께 강화도로 진을 옮겼다. 이 무렵 조정으로부터 창의사倡義使라는 군호軍號를 받고 장례원판결사掌禮院判決事에 임명되었다.

강화도에 진을 옮긴 뒤 강화부사, 전라병사와 협력해 연안에 방책防柵을 쌓고 병선을 수리해 전투태세를 강화하였다. 강화도는 당시 조정의 명령을 호남·호서에 전달할 수 있는 전략상의 요충지였다. 9월에는 통천通川·양천陽川 지구의 의병까지 지휘했고 매일같이 강화 연안의 적군을 공격했으며, 양천, 김포 등지의 왜군을 패주시켰다. 한편, 전라병사, 경기수사, 충청병사, 추의병장秋義兵將 우성전禹性傳 등의 관군 및 의병과 합세해 양화도전투楊花渡戰鬪에서 대승을 거두었다. 또한 일본군의 능묘陵廟 도굴 행위도 막고 봉심하였다.

다음해인 1593년 정월 명나라 군대가 평양을 수복, 개성으로 진격할 때 이들의 작전을 도왔다. 명·일간에 강화가 제기되자 반대 운동을 전개하였다. 서울이 수복되어 굶주리는 자가 속출하자 배에 실려 있던 쌀 1,000석을 공급해 구휼하였다.

전투에서도 경기수사, 충청수사와 함께 선유봉仙遊峯 및 사현전투沙峴戰鬪에서 다수의 적을 참살, 생포하였다. 2월에는 권율權慄의 행주산성 전투에 강화도로부터 출진해 참가하였다. 이들 의병은 강화도를 중심으로 장기간의 전투에서 400여 명의 적을 참살하는 전공을 세웠다.

1593년 4월 왜군이 서울에서 철수하자 이를 추격, 상주를 거쳐 함안에 이르렀다. 이 때 강화講和가 추진 중인데도 불구하고 남하한 적군의 주력은 경상도 밀양 부근에 집결하여 동래, 김해 등지의 군사와 합세해 1차 진주싸움의 패배를 설욕하기 위한 진주성 공격을 서두르고 있었다.

이에 6월 14일 300명의 의병을 이끌고 입성하자 여기에 다시 관군과 의병이 모여들었다. 합세한 관군과 의병의 주장인 도절제都節制가 되어 항전 태세를 갖추었다. 10만에 가까운 적의 대군이 6월 21일부터 29일까지 대공세를 감행하자 아군은 중과부적임에도 분전했으나 끝내 함락되고 말았다. 이에 아들 상건象乾과 함께 촉석루에서 남강南江에 몸을 던져 순사하였다.

1603년(선조 36) 좌찬성에 추증되고, 이어 1618년(광해군 10)에 영의정이 더 내려졌다. 나주의 정렬사旌烈祠, 진주의 창렬사彰烈祠, 순창의 화산서원花山書院, 태인의 남고서원南皐書院, 임실의 학정서원鶴亭書院에 제향되었다. 저서로는 『건재집』이 있다. 시호는 문열文烈이다.

2. 건재 선생의 생애

1) 건재 선생의 외로운 어린 시절

건재 김천일金千鎰(1537~1593), 그는 어린 시절은 불행했다. 외로웠다. 『건재선생문집』에 실린 행장行狀과 연보年譜, 그리고 『호남절의록』의 기록을 중심으로 그의 어린 시절을 살펴보았다.

건재 선생은 1537년(중종 32 정유년 정월)에 김언침金彦琛의 외아들로 나주에서 출생하였다. 부친은 약관에 진사에 합격하여 이름이 있었으나 젊은 나이에 별세하였다. 모친은 양성 이씨로 적순부위迪順副尉의 딸이다.[1] 선대先代가 창평昌平에서 살았다. 부친이 나주로 장가를 들어 이로 인하여 나주羅州로 이사 와서 살았다.

고려 시중 김취려金就礪 장군의 14대손이다. 증조는 목사, 조부는 주부를 지냈다고 고계에 기록되어 있으나 행상에 누락되었다.[2]

선생이 태어나기 전에 금성산錦城山이 세 번을 울어 인근에서 선생이 태어날 조짐으로 알았다. 1537년(중종 32) 건재가 태어난 이튿날 모친이 별세하고, 이어서 7개월 만에 부친이 별세하여 1세 때부터 고아가 되어 외조모 서씨에 의해 길러졌다.[3] 1544년(중종 39 갑신년) 8세 때에 처음으로 선조들이 살던 고향 전라도 창평현 태산리를 찾아 돌아보았다.

1548년(명종 3 무신년) 12세가 되어 배우지 못하고 있는 자신에 대하여 자탄自歎하였다.

"외조모는 나의 외롭고 고단함을 불쌍히 여겨 다만 수명壽命만 이을 것을 바랄 뿐, 학문은 가르칠 뜻이 없어서 내가 10여 세가 되

---

1 조선시대 무신 정7품 품계명.
2 행장을 쓴 임환(林㬜)이 고계에는 이러한 벼슬을 한 기록이 있는데 여기에 실리지 않아서 이것을 자세히 살필 필요가 있다고 행장에서 언급하였다.
3 『호남절의록』에는 고숙 이광익의 집에서 자랐다고 하였으나, 『건재선생문집』 등 여타의 기록에는 외조모 밑에서 자랐다고 기록되어 있다.

도록 우치무상愚癡無狀으로 방랑放浪하기가 몇 적기가 짝이 없었다."

1549년(명종 4 기유년) 13세 때에 비로소 배울 것을 청하였다. 숙부 참봉參奉 김신침金信琛에게 나아가 말하였다.

"제가 진즉 배우려는 뜻이 있었으나 안으로는 부형이 없고 밖으로는 사우가 없습니다. 멀리 떠나 스승을 찾아가려 해도 외조모님께서는 차마 놓아 주지를 아니할 것이니 이를 어찌하오리까?"

1551년(명종 6 신해년) 15세에 숙부 참봉 김신침에게 배움을 받았다. 숙부는 평창에 살았으리라고 본다. 창평昌平에 찾아가 배운 것으로 추측된다. 기왕에 배움이 전혀 없지는 않았지만 배운 바를 훌륭하게 깨달아 견문이 자못 넓어지고 선생의 학문 습득은 마치 강물로 물이 빨려 들어가는 듯하였다.

1554년(명종 9 갑인년) 18세에 위원군수渭原郡守 김효량金孝亮의 따님 김해 김씨金海金氏에게 장가를 들었다. 1555년(명종 10년 을묘년) 19세에 일재 이항 선생의 문하에 들어가 수학하였다. 장차 배우러 일재 이항 선생 문하로 떠날 때, 외조모가 먼 곳으로 떠나려 하자 이렇게 만류하며 말하기를

"가까운 데도 네 스승이 얼마든지 있는데 어찌하여 멀리만 일재 선생한테 가려 하느냐?"[4]

---

4 건재의 스승 일재 이항(1499~1576)은 조선 중기 성리학자이자 문신이다. 이항 선생의의 학문은 늦었다. 이항 선생은 28세 되던 해 백부인 판서 이자견으로부터 꾸지람을 듣고

라고 하니, 선생이 대답하기를

"경전經傳을 가르치는 스승은 찾기 쉬워도 사람의 스승은 찾기 어려운 일입니다. 그래서 가까운 데를 버리고 멀리 가려는 것입니다."

라고 하였다. 일재 이항 선생은 그의 자품資品을 아름답게 여기고 학문을 권장하고 특별한 가르침을 내려 주었다. 처음에 『소학小學』을 주어 모두 외우자, 『대학』을 주어 가르쳤다. 거경居敬으로 주장을 삼고 궁리窮理를 귀함을 삼아 밤낮으로 연구하기를 게을리 하지 않았다. 이를 거경궁리라도 한다. 학습을 부지런히 하여 날이 갈수록 고명하여 감으로 동문수학하는 선후배들이 도저히 건재를 따르지 못하겠다고 말하였다. 향리에 돌아오니 나이든 선비까지도 건재를 공경하지 않은 이가 없었다.

비로소 협우들과 관계를 끊고 학문에 분발하여 『대학장구』를 읽으며 공부를 시작하였다. 29세 때에 서울 도봉산의 망월암에 들어가 본격적인 공부를 시작한 지 3년이 지나 백부의 사망 소식을 듣고 귀가하여 장례를 치르고 다시 암자로 돌아와 학업을 계속하였다. 그 뒤에 40세까지 무슨 일을 하였는지 알 수 없다. 그는 40세 때 갑자기 모친 최씨를 모시고 전라도 태인현 분동으로 이사하였다. 선견지명이 있어 을사사화를 피해 이거하였다고 전하나, 정확히 알 수 없다. 1년 후 이항 선생은 칠보산 아래 부친의 묘소 가까이에 작은 집을 짓고 '일재'(一齋)라고 편액하였다. 이항이 45세 때 전라관찰사 규암 송인수가 방문하여 성리철학에 관하여 토론하였다. 송인수는 그를 중국 송대 사상가 장횡거에 비겨 칭찬하였다. 그 뒤에 송인수의 주선으로 회재 이언적과 3인이 만나 성리철학에 관하여 수일간을 토론하였다. 일재가 49세 때에는, 기묘사화로 유배당하였다가 풀려나 태인 현감으로 부임한 영천 신잠이 찾아왔고, 그 뒤로 후학과 방백들이 스승의 연을 대어 여러 곳에서 다투어 찾아왔다. 그로 말미암아 그는 학사를 신축하지 않으면 안 되었다. 그래서 보림리에 있는 남고서원 주변으로 이사하여 제자들을 훈도하였다. 이항선생이 59세가 된 무렵에 김천일이 찾아와 가르침을 받기를 청하자, 이에 일재 선생이 그를 받아들였다.

2) 성인成人으로서 입신행도立身行道

1557년(명종 12 정사년) 21세에 장남 상건象乾이 태어났다. 일재 이항(1499~1576) 선생 문하에서 학업을 닦으며 지내면서 때때로 하서 김인후, 미암 유희춘, 옥계 노진, 우계 성혼, 송강 정철, 소재 노수신, 사암 박순朴淳 등과 교유하며 배웠다. 율곡 이이 선생, 우계 성혼 선생과도 간찰을 주고받으며 교유하였다. 우계 성혼 선생과 주고받은 편지글이 문집에 가장 많이 전한다.

1558년(명종 13 무오년) 22세 때 하서 김인후(1510~1560) 선생을 찾아가 뵙고 배웠다. 하서 선생은 가르친 바를 질문하여 보고서 말하였다.

> 실득한 선비를 만난 것은 남주에서는 이 사람이 처음이다.

라고 칭찬하고, 작별에 임하여서는 오언절구, 칠언절구 각 1수씩을 지어 선물로 주었다.[5]

22세 때에 생원 초시에 합격하였다. 미암 유희춘(1513~1577)이 쓴 『미암일기』에 이르기를

> 김모가 생원 초시에 제4에 합격하였다.

라고 하였다. 사령장을 받으러 서울 예부禮部에 들어가려 할 때

---

5 작품이 『건재선생문집』에도 실려 있고, 「하서선생문집」에도 실려 전한다.

하서 김인후(1510~1560) 선생이 또 절구 두 편을 지어 선물로 주었다.[6]

1559년(명종 14 기미년) 23세 때 고향 태산서사台山書舍에서 학문을 강론하였다. 이 때 참봉 박희안, 참봉 조세경도 찾아왔다. 둘째 아들 상곤이 태어났다.

장성에 은거하던 하서 김인후 선생이 찾아왔다. 배를 타고 복암강伏巖江에서 놀면서 하서 김인후 선생은 절구 3수를 지어 건재에게 주었다. 1560년(명종 15 경신년) 25세 때 소재 노수신이 진도에 유배 왔을 때 일재 선생 아래에서 동문수학하던 나사율羅士慄과 함께 노수신(1515~1590)을 찾아가 강론을 들었다. 세 사람은 술을 마시고 시를 지어 불렀다. 1562년(명종 17 임술년) 27세 때 봄에 복암강사를 짓고 편액은 "극념당"이라고 하였으며 좌우명을 지었다. 일재 선생으로부터 벽상에 써 붙일 시를 지어 보내 왔다. "수시문일관 연비동어약"이라 하였다. 여기에 담긴 상징적인 의미는 '누가 학문을 일관하였나? 솔개가 날고 고기가 뛰는 것이 같은 것임을.' 이는 일재 선생이 건재가 학자로서 통달하여 일가一家를 이룸을 칭찬한 말이다.[7] 이 때 사암 박순이 시를 보내 축하해 왔다.[8]

글 읽음에 있어서는 자력으로 습득하려고 노력하였다. 조금이라도 명쾌하지 못한 부분이 있으면 학문 높은 사람을 찾아가 질

---

6 작품이 『건재선생문집』에도 실려 있고, 「하서선생문집」에도 실려 전한다.
7 鳶飛魚躍(연비어약)은 『시경』에 나오는 말. 율곡 이이가 〈증풍악소암노승〉(贈楓岳小庵老僧)이라는 시에서 鳶飛魚躍上下同 這般非色亦非空 等閑一笑看身世 獨立斜陽萬木中이라고 읊었다.
8 작품이 『건재선생문집』에 실려 전한다.

문하여 마침내 관통하고야 말았다. 이러한 그를 보고 하서 김인후 선생은 실득實得한 선비라고 칭찬을 하였고, 미암 유희춘(1513~1577) 선생도 "의리와 사물의 이치를 체득한 것이 명백하니 참으로 익우益友이다."라고 극찬하였다.

덕행이 날로 드러나고 성문이 더욱 높아 조선 서남으로 행하는 벼슬아치들도 공관에 들르지 않고 곧바로 건재의 문으로 먼저 와서 선생의 학덕을 상고하였다.

왜적을 경계하고 전란에 대비하여 무예武藝 수련을 하였다. 1587년(선조 20 정해년) 51세 때 상소하여 왜에 대한 경계를 논하였다. 임금은 상소를 보고 충성스럽고 강직하다고 칭찬하였다. 건재는 항상 극념당에서 학문을 강론하고 늘상 해가 기울 무렵이면 말을 달리고 활쏘기를 익히며 제자들에게도 무예를 익히게 하였다. 임진왜란 발발 몇 년 전, 밤에 천문을 보고

국가의 재앙이 장차 조석에 있으니 어찌 안일하게 자처自處하리오?

라고 말하였다.

3) 효성으로 얻은 질병

건재가 고아가 되어 외조모 슬하에서 자라났다. 그래서 건재는 자신을 양육해준 외조모의 은혜에 감읍하여 평소에도 자기를 낳아준 부모처럼 공경하였다. 맛있는 것이라면 멀다고 해도 가지 않은 데가 없었다. 외조모가 돌아가시자 3년 동안 상복을 입

고 3년을 지내며 애통해 하여 마침내 지병을 얻게 되었다. 그가 평생 동안 병이 많음은 외조모 상례로부터 기인한 것이다.

이같이 효심이 깊었던 것은 1세 때 고아가 되어 부모 얼굴도 기억 못하고 부모봉양을 해보지도 못한 것이 아픔이 되어 뼈에 사무쳤기 때문이었다. 그 아픔은 조상의 제사 때도 나타났다. 제사 때면 정성을 극진히 하되 과방의 좌우를 떠나지 않았고 제수를 반드시 몸소 건시하고 조그마한 책자에 제사 절차를 써서 내외남녀로 하여금 평상시에 익히게 하였다. 제사 때에는 건재는 바르게 하고 엄숙히 서 있기만 하고 말을 하지 않아도 모두 법도에 맞게 진행되었다. 삭망朔望에는 재계하고 음식을 올리고 아침에 사당에 참배하고 혹한과 혹서 때에도 폭우가 와도 폐하지 않았다. 출입할 적에는 반드시 배례하고 혹 하루 저녁을 밖에서 지낼 때에는 분향하고 고사하고, 귀가하면 반드시 사당에 다녀왔다. 또 제삿날에는 흰 의관을 하고 죽을 먹어 초상 때와 같이하며, 평상시 홀로 앉아 있을 때도 제사를 지내며 손님을 받들 모시듯이 하였다. 처자들도 조금도 게으름을 부리지 않았다.

1592년 임진왜란이 발발한 해 6월에 요통腰痛과 풍습風濕에 시달리던 건재는 말했다.

오늘 칼을 차고 나오니 새가 새장을 시원하게 벗어난 것 같다.

라고 말했다. 또한 〈행장行狀〉에 건재공은 본디 몸이 허약한 데다 군 생활을 한 지가 해를 넘기니 병이 날로 침중해졌다고 적었다.

4) 인품과 덕행

(1) 인품

「사람의 그름[非]을 논하기 좋아하면 모르는 사이에 화[禍]가 반드시 생기고, 사람의 악[惡]을 들춰내기를 좋아하면 반드시 재앙이 온다.」

극념당에 써 붙인 이 좌우명은 평생 마음에 새겼다. 이 좌우명은 다른 사람의 잘못과 단점을 들추어 내지 말라는 뜻으로 인간적으로 상대방은 존중하고 자기 자신은 겸손해야 함을 뜻한다. 자기성찰에 충실하려는 의도이다. 남의 허물에 대하여는 관용하고 자신의 잘못은 엄격하려는 뜻도 담겨 있다. 남의 탓보다는 내 탓을 하려는 것이다. 나를 용서하기를 더디게 하고 남을 용서하기를 바쁘게 하려는 생각이다. 그만큼 건재는 겸손하고 사람과 인재를 아꼈다.

외조모에 대한 효성과 사후 3년상, 그리고 조상에 대한 곡진한 제사에서 그의 뛰어난 효성심을 볼 수 있다. 그를 평생 괴롭힌 질병도 외조모 삼년상을 너무 극진하게 치렀기 때문이었다. 그는 겸손하고, 사람을 존중하고, 효성과 예의는 남달랐고, 천출의 충신이었다.

그런 까닭으로 건재는 덕행으로 추천되어 벼슬을 시작하였다. 당시에는 동인, 서인의 대립의 정쟁과 사회가 만연되어 비록 생진과에 합격했어도 문과에 응시하지 않고 벼슬을 꺼리고 자연에 칩거하는 선비들이 많았다. 건재도 마찬가지였다. 1568년(선조 원년 무신년), 건재가 32세 때 미암 유희춘에게 편지를 보냈다. 조정에서 전국적으로 6명의 탁행지사를 벼슬살이에 천거하라 하였는데, 미암 유희춘이 건재를 전라감사에게 추천하여 임금께 천거하게 하자, 미암 선생에게 편지를 써서 자신에 대한 천거를 중지하게 하였다.

그럼에도 탁행으로 천거되었다. 전라감사가 추천장에 이르기를

> 김모는 기질이 순수하고 학문에 힘을 쓰며 일찍이 조실부모하고 외조모 슬하에서 자랐는데 자라서는 섬기기를 부모처럼 하였고, 3년 상喪을 치르자 보고 듣는 이가 경탄하였다.

라고 하였다. 선조 임금이 묘당에 보내 의논하라고 하자, 미암 유희춘은 전라감사가 그의 군자다운 실정을 다 알지 못하였다고 하면서 더욱 치켜 올렸다. 헌납 최정崔頲이 임금께 등용할 것을 진언하니, 미암 유희춘이

> 김모가 바야흐로 질병으로 벼슬을 감당할 수 없으니, 선비를 배양하는 예로 감사에게 명하여 약물을 내려주어 착한 선비를 표양하소서.

하였다.[9] 1573(선조 6년 계유년)이었다. 건재가 37세 때에 6월에 군기시 주부에 제수되었다. 조정에서는 경전에 맑고 행실을 닦은

---

9 당시 건재 선생은 외조모 삼년상을 여막생활을 하느라 몸에 병이 들어 있어서 미암 유희춘이 진심으로 건재선생의 건강을 생각하여 임금께 건의한 것이다. 외조모 삼년상을 치르는 여막생활로 말미암아 병 기운이 든 건재 선생은 평생 병이 끊이지 않았다.

이를 천거하라 명하였는데, 이 때 정식으로 건재를 비롯한 이지함, 조목, 정인홍 등이 천거되어 등용되었다. 37세 때 가을에 용안현감에 제수되었다.

김천일은 경전을 몸소 실천했다. 선비의 풍습을 바로잡고 수령을 잘 임명해야 한다는 등 당시 폐단을 개혁하는 방안을 상소로 건의하였다.

유학자로서 법도와 예의를 중시하였다. 임진왜란이 1592년 4월에 발발하여 6월 3일이 되자 염천에 무더위가 기승을 부리자 따르는 자가 건강을 생각하여 양산을 드리우자 상감께서도 초야에 계시거늘 신하된 자가 어찌 양산을 쓰겠냐고 하면서 거절하였다.

임진왜란 중에 선조는 장악원 판결사를 제수하고 창의사倡義使의 호를 내리고 교지敎旨를 하사하였는데, 그 내용에

> 오직 너는 예의禮義를 강습하고 시서詩書를 읽었으니 의義를 알고 인군을 저버리는 일을 하지 않을 것이다. (후략)…

라고 하였다.

(2) 덕행德行

1592년 6월 임진왜란 전쟁 중에도 군중에게 말했다. "의로써 궐기한 의병은 결코 백성들을 약탈하지 말 것과 백성을 범한 자는 참한다."라고 명령하였다. 의병대는 백성들의 재산에 피해를 주는 자가 하나도 없었다. 백성들이 기뻐하며 칭송하였다.

명나라 이여송이 전투에 참가하여 평양을 탈환에 즈음하여 상처를 입고 성을 나와 의병진으로 돌아온 수만 명이나 되었는데, 사람은 많고 곡식은 적어 곤란하므로 건재는 곡식 수백 섬을 풀어 죽을 쑤어 먹였다. 이 무렵 건재는 의병을 이끌고 서울에 먼저 들어갔다. 유민遺民이 다시 서울에 입성하였으나 식량이 없으므로 배에 있는 곡식 1,000여섬을 그들에게 먹여 구휼하였다.

건재는 너그럽고 전략이 뛰어났다. 임진왜란에 서울 성중이 왜적의 손아귀에 들어간 후, 수복하는 과정에서 왜에 부역하고 첩자노릇을 한 자들을 처벌하지 아니하고 격문을 붙여 설득하고 혹 개유開諭하여 우리 편으로 돌아오게 하거나 자수하게 하였다. 그 중에는 적들의 첩보를 알아와 아군에게 유리한 정보를 제공하거나 왜적을 목을 잘라 가져와서 바치는 이들도 있었다. 귀순하고 자수한 자들이 수효만 수만 명이 넘어 의병들의 수효도 크게 늘었다.

5) 강직과 의리, 실천實踐 유학자

건재는 일재 선생의 수제자로서 이항 선생과 많은 점을 닮았다. 이항 선생은 "경敬"공부를 많이하였다. 무인 기질을 변화시키기에는 "경"공부만큼 좋은 것이 없으며 만학도가 학문의 지름길을 찾는 데에 좋은 것이었다. 이항 선생의 가르침을 본받은 건재도 거경궁리, 곧 안으로는 삼가하며 덕을 쌓고, 밖으로는 사물의 도리나 법칙을 추구하는 것을 평생의 과제로 삼았다.[10]

일재 이항 선생의 학문의 실천적 특징은 자득과 체인으로부터 나왔다. 매우 실천적이다. 김굉필, 조광조 등 기묘 사림의 도학사상의 영향과 지치주의의 전통을 계승한 측면도 없지 않다. 물론 문무를 겸비한 스승 송당 박영의 영향도 컸다고 할 것이다.[11] 건재는 매일 석양 무렵이면 말타고 활쏘기를 힘썼다. 일재 이항선생의 일생을 "유무진도(무武로부터 말미암아 도道의 세계로 나아감)"라고 표현하기도 한다. 이항 선생으로부터 무예와 병법을 익혔을 것으로 본다. 일재 선생의 스승 송당 박영 선생도 무술에 뛰어났다. 유학자이지만 무술과 병법의 전통은 이어왔다고 할 수 있다. 그의 이러한 영향으로 건재 김천일, 오봉 김제민, 도탄 변사정과 같은 의병장을 제자로 배출하였던 것이다.

건재는 우계 성혼에게 보낸 서한에서 붕당정치로 말미암아 능력 있는 인재를 뽑아 쓰지 못하고 파당의 이익에 따라 인재를 등용하는 문제를 날카롭게 비판하였다.

조정의 실화失和로 서로 꺼리고 서로 이기려는 풍조가 있어 헐뜯는 말을 듣고 경솔히 재능과 기국이 있는 인재를 버리니 이 병통을 고치지 않고서는 관직에 나갈 이가 없고 나라는 위태할 것입니다. 급히 이를 구하지 않으면 앉아서 명맥을 부지할 수 없게 될 것입니다. 이런 협소한 나라에서 재주가 있는 사람을 아끼지 않고 천박하다느니 단점이 있다느니 하여 버린다면 누구와 함께 국사를 도모할 것입니까? 하물며 서로 공경하고 화목한 기풍이 없고서 국가의 위

---

10 최영성, 「유무진도의 도학자 일재 이항」, 『일재이항선생탄신514주년기념학술대회』 초록, 2012, 73쪽.
11 고명진, 「일재 이항과 호남유학」, 『일재이항선생탄신514주년기념학술대회』 초록, 2012, 56쪽.

망恍亡을 불러들이지 않을 수가 없습니다. 조나라 염파와 상여는 전국시대에 공명만 숭상하고 천한 장부로서 학문이 없는 자라고 할지라도, 오히려 국가를 앞세워 의로운 일을 행하고 사사로운 원한은 뒤로 하였습니다. 나라를 위한 의를 앞세우고 나라를 보위할 계책을 내어 성공했으니, 후세에 항상 글을 읽고 학문에 뜻을 둔 선비가 이 두 분만 못하겠습니까? 저는 두 분의 뜻에 열복하고 매양 옛 벗을 보면 나라를 위한 일에 대하여 믿고 좋아하며 듣고서 행하는 벗이 없으니 어찌하리요? 10년 전 송강 정철의 병통을 고치려 하였으나 고치지 못하고 아끼는 마음만 깊었습니다. 당신께서 송강만 바라보지 말고 사물을 구별하고 꾀를 내어 송강이 불평하는 말도 잘 받아들여 서로 협심하여 조정의 평안의 대업을 이루어 주소서."

라는 글을 보낸 바 있다. 건재는 조정의 붕당도 싫어할 뿐 아니라 과도한 옥사로 인한 수많은 인재들의 죽음도 싫어하였다. 이 무렵 송강 정철에게도 과격하게 옥사를 다루지 말고, 지나치게 의를 앞세워 벼슬을 버리고 초야로 나가지 말며, 나라를 보전 유지하는 데에 노력해 주시라는 당부의 말을 전하였다.

 그 당시 유림들은 화평한 즈음에는 과거에 급제하여 벼슬에 나아가고, 나라가 어지러우면 벼슬을 버리고 자연에 묻혀 학문 연구와 제자 교육에 힘쓰며 살았다. 건재는 늘 말하였다. 나라가 어렵게 되어 국난으로 망국의 지경에 이르면 자연으로 돌아가지 말고 나라를 구할 꾀를 내고 의연히 나서서 적을 물리치는 일에 앞장서야 함을 강조하였다. 그것은 일재 선생에게서 배운 바이기도 하였다. 임진왜란이 일어나자 건재는 내가 울기만 하면 무엇하겠는가? 나라에 환란이 있어 임금께서 파천하였는데, 나는 신하로서 어찌 새나 짐승처럼 도망하여 살기를 원해서야 되겠는가? 내 의거를 하여 전쟁에 나갔다가 싸움에서 이길 수 없으면 오직 죽음이 있을 따름이다. 이것이 내가 나라에 보답하는 길이다.

라고 하였다.

(1) 의리義理

건재는 역사상으로 임진왜란 사상 최초의 호남 의병장이었다. 1592년 임진왜란 때 서울이 일본군에게 함락되고 국왕이 피난했다는 소식을 듣고서 통곡하였다. 고경명, 박광옥, 최경회崔慶會 등에게 의병을 일으킬 것을 촉구하는 글을 보냈다. 이어 호남에서 가장 이른 5월 6일 나주에서 의병을 일으켰다. 호남의 최초의 창의倡義였다. 나라가 위태로울 때 등 돌리고 물러서는 유학자가 아니다. 그는 기꺼이 목숨을 걸고 나라를 건지고 백성을 보살피려 한 실천 유학자이다.

공맹孔孟을 배워 실천하지 않으면 무엇을 할 것인가. 그는 스승 일재 이항 선생의 이러한 가르침에 따랐다. 건재 31세 때였다. 일재 이항 선생은 일찍이 남쪽 왜적들의 출몰 소식을 듣고 제자들에게 이르기를 난세이니 안일하게 지낼 수만은 없다고 하여, 시험 삼아 난세에 대비하여 5일간 음식을 먹지 않고 살아남는 능력을 시험하였다. 평소와 다름없이 강독을 꾸준히 하면서 정신 기운이 더욱 광채를 띤 사람은 오직 건재 한 사람뿐이었다. 일재 선생은 국난을 대비하여 유비무환의 자세를 견지하였다. 이를 본받아 건재도 항상 말타기, 활쏘기 등 무술 연마를 게을리 하지 않았다. 1587년(선조 20 정해년) 건재가 51세 때 호남지역에 왜병의 소란이 있었다. 건재는 상소하여 왜에 대한 경계를 논하였다. 임금은 상소를 보고 충성스럽고 강직하다고 칭찬하였다. 항상 극념당에서 학문을 강론하고 늘상 해가 기울 무렵이면 말을 달리고 활쏘기를 몸소 연마하며 제자들에게도 무예를 익히게 하였다. 밤에 천문을 보고

국가의 재앙이 장차 조석에 있으니 어찌 안일하게 자처하리오?

라고 말하고 국란에 대비하였다.

〈그림 1〉 전남 나주시 동신대학교 옆에 있는 정렬사旌烈祠에 모셔진 건재 김천일 선생 영정과 위패

1576년(선조 9 병자년) 40세 때 정월에 강원도 도사에 임명하였다. 부임한 지 얼마 지나지 않아 병으로 체직해 줄 것을 상신하였다. 바로 경상도 도사에 임명하였다. 부임하러 가면서 경상도 언양(본관)에 이르러 객관에서 잠을 자는데 꿈에 한 노인이 나타나 이르기를, "나는 너의 선조 위열공(고려시대 김취려 장군)이다."라고 하였다. 김취려 장군 묘가 현의 북쪽 2리 떨어진 송동에 있다. 건

재는 묘역에 찾아가 성묘하고 사초하고 비석을 세웠다.

6월에 일재 이항선생의 부음을 듣고 벼슬을 버리고 달려와 곡哭을 하였다. 8월에 일재 이항선생을 장사하였다. 동문 기효간, 변사정과 더불어 치제하였다. 관리로서 사부의 죽음에 사직을 하고 상사를 치른 것은 철저한 유교적 윤리의식의 결과라고 본다.[12] 1577년(선조 10년 정축년) 41세 때 5월에 일재 선생의 행상을 찬하고 묘명은 소재 노수신에게 청하였다. 남고서원을 건립하였다. 이처럼 그는 벼슬보다는 의리를 존중하였다. 건재는 스승의 죽음에 벼슬을 버리고 돌아와 치제致祭하였다.

기축년 두 번째 올린 상소에서는 기축옥사로 지나친 옥사에 대한 경계의 글을 올렸고, 성혼 선생에게 권하여 옥사를 담당한 송강 정철에게 선비들을 많이 죽게 해서는 안 되니 말리시라고 편지를 보내기도 하였다. 직접 편지를 써서 의를 내세워 과격히 행동하지 말고 국가를 생각하여 참고 자리를 보전하라고 충고를 올리기도 하였다. 율곡 선생이 동인과 서인의 정쟁에 진절머리가 나서 벼슬을 버리고 낙향함에 편지를 보내

> 지금의 시세가 극히 위험하오니 공이 사직할 때가 아니며 기울어 가는 시국을 살릴 계책을 내셔야 합니다.

라고 만류하였다. 율곡선생은 건재의 절실한 충군애국심에 감동하여 칭찬하였다.

---

12 조원래, 「김천일의 의병활동과 그 성격」, 『사학연구』 31, 1980, 21쪽 참조.

(2) 강직剛直

건재선생이 42살 때 조정에서 사헌부 지평을 제수하였으나 사은하고 사양하여 면하였다. 다만, 시무대요를 상소를 올렸다. 시무대요의 상소는 인재의 양육이 치도治道의 근본이라는 주제였다. 임금이 칭찬하였다. 뒤에 경연經筵에서 임금께 『춘추』를 강론하면서 임금께 멸사봉공滅私奉公, 친척에 대한 애착심을 끊어 공사公私를 구분할 것을 건의하였다. 특히 임금 앞에서도 『춘추春秋』 가르침처럼 사욕私慾에 빠지지 않아야 함을 거울을 삼으시라고 충고하였고, 임금이 아량이 충분치 못하면 소인이 많아진다고 간절하게 말씀을 올리자 주의 사람의 간담을 서늘하게 하였다. 이 모습을 본 사암 박순朴淳은

시골 선비가 처음 임금과 대좌하여 기개가 있고 말이 바르니 그 깊은 마음속에 있는 강직한 충심은 속일 수 없구나!

라고 찬탄하였다.

담양부사로 있을 즈음에 가뭄이 들자 조정에서 이에 대하여 대책을 올리라고 하자 건재는 상소에 이르기를 붕당을 척결하고 선비의 풍습을 바르게 하고, 인재를 등용하라는 내용이었다.

1587년(선조 20 정해년) 51세 때 상소上疏하여 왜에 대한 경계를 논하였다. 임금은 상소를 보고 충성스럽고 강직하다고 칭찬하였다. 그 내용은 붕당의 폐해를 고치라는 것, 처벌의 기준이 없고 오락가락하는 혼란에 대한 비판이었다.

기축년 정여립의 반란 때 상소를 올려 조정이 인심을 잃어 역

적이 생긴 것이라고 비판하였다. 이에 대하여 왕은 자신의 부덕의 소치라고 인정하였다. 기축옥사로 송강 정철이 옥사를 가혹하게 확대함에 옥사의 지속됨이 심하다고 풍자하였다. 이에 임금은 노하여 비답을 내리지 않고 있다가 수원부사를 임명하였다.

수원부사 재직시에 문제가 발생하였다. 서울에 가까운 수원인지라 사대부士大夫와 왕자王子들의 토지가 많았다. 이들은 부역을 하지 않고 부세도 내지 않고 오로지 백성들만 고통을 견디었다. 이에 건재는 법대로 시행하여 사대부와 왕자에게도 부역과 부세를 부과하였다. 그로 인하여 탄핵되어 면직되었다.

임진왜란 중에도 상소를 올려 선조 임금의 부덕함을 세 가지를 들어 논박하는 상소上疏를 올렸다. 첫째, 관직을 자주 체직시키는 것이다.[13] 둘째, 공을 세운 자들을 포상하지 아니한 것,[14] 셋째, 통솔 지도하는 명령과 호령이 여러 곳에서 나오는 것이 문제이다.[15] 임금의 잘못을 낱낱이 들추어 지적한 것이다. 충군애국심에서 나온 것이라고 할지라도 건재의 죽음을 초월한 선비로서의 강직함은 대단하다고 할 수밖에 없다.

---

[13] 당시 선조는 무능하였다. 신하들도 그것을 다 알고 있었다. 동서분당으로 집권세력이 바뀔 때마다 관리들을 체직하고 또 정여립의 난과 같은 내환이나 임진왜란 같은 외란이 있을 때마다 관리를 체직하면서 왕권을 강화하려 하였기에 이런 말로 충고한 것이라고 본다.
[14] 앞서 올린 상소에서도 이 점을 지적하였다. 신상필벌(信賞必罰)이 이루어지지 않음을 지적한 말이다.
[15] 분조되어 있어서 왕과 세자의 명령이 다르고, 도원수, 체찰사의 말이 다르고, 관병의 장수와 의병장의 명령이 달라서 헷갈리는 것이다. 그래서 민심이 흩어지고 관병과 의병이 합심하여 싸울 수가 없고 서로 호응하지 아니한다는 것이다. 의병과 관병이 전공을 독차지하려고 시기(猜忌)하기도 한다.

3. 건재 선생의 업적

1) 임란 당시 호남 최초의 의병장

　임진왜란이 발발하여 가장 먼저 의병을 모아 활동한 의병장은 1592년 4월 하순에 경상도지방에서 거의한 곽재우 장군이다. 처음 왜침을 받은 지역이 경상도였고 관원으로서는 동래부사 송상현의 결사 항전과 순사였다. 의병 봉기가 경상도에서 시작됨은 어쩌면 당연하다 할 것이다. 그러나 유일하게도 왜침의 직접적인 피해가 없었던 전라도에서 경상도에 이어 두 번째로 의병이 일어났다. 이것이 건재의 전라도에서의 창의였다. 김천일, 고경명, 변사정, 김덕령 등에 의해서 타지역에 비해 특히 의병활동이 두드러진 것은 주목할 만한 사실이다. 건재의 창의는 지역 향토를 지킨다는 수준을 넘어서 경성 수복을 목적으로 거병했기 때문에 창의병을 이끌고 북상출병하였던 것이다. 이와 같은 사실만으로도 건재의 임란 창의는 임진의병사에 끼친 영향은 적다고 할 수 없을 것이다.[16] 그는 임진왜란 당시 호남의 최초의 의병장이었다.
　일부 연구자들 가운데 고경명 장군의 휘하에 있었다는 주장이 있었으나 실상 그렇지 않음이 밝혀졌다. 송정현은

　　광주에서 고경명이 6월 1일에 거병한 뒤를 이어 김천일은 나주

---

16 조원래, 「김천일의 의병활동과 그 성격」,『사학연구』 31, 1980, 29쪽.

에서, 김경수는 장성에서, 변사정은 남원에서, 양사형은 순창에서 각각 기병하였다. 이들은 각각 변력을 인솔하여 6월 3일 집회하여 고경명을 6천여 명의 의병장을 추대하고 왜적 섬멸을 맹서하였다.[17]

그러나 『건재집』의 〈연보〉와 〈행상〉, 그리고 『호남절의록』, 『난중잡록』, 『제봉연보』 등의 기록은 그와 같지 아니하다. 〈연보〉와 〈행상〉에 5월 16일 향중의 부로와 자제들을 소집하여 공관에서 대회를 가졌는데, 모의 없이 동반된 지사로서 송제민, 양산룡, 양산숙, 임환, 이광주, 서정후 등이 참여하였다. 그 자리에서 건재는 눈물을 흘리며 말하기를

> 국사가 이 지경에 이르렀는데 우리가 어찌 구차하게 살기를 바라리요? 홀로 온전할 수 없을진대 죽고 사는 것은 조만간의 일일 뿐이오. 도망하여 골짜기에서 죽는 것보다 차라리 적을 치고 죽는 것만 같지 못할 것이오.

라고 하니, 좌중이 모두 오직 명命만 내리라고 하였다. 『난중잡록』 기록에 고경명의 아들인 고종후가 이적에게 보낸 편지에서 부친 고경명 장군은 말하였는데, 건재와 같이 거병하기로 하였으나 나주에서 모인 군사들로 이루어져서 건재가 먼저 출

---

17 송정현, 「임진왜란과 호남의병」, 『역사학연구』 Ⅳ, 2~8쪽. 송정현, 『조선사회와 임진의병연구』(학연문화사, 1998) 등에서 김천일 장군이 고경명 장군의 휘하 장군으로 생각하였으나, 조원래 교수(상게서, 31쪽)에서 논리적으로 반박하면서 독립된 창의병이란 사실이 확인되었다.

발하게 된 것이라고 하였다. 『제봉연보』에서도 고경명은 5월 29일 담양에서 삽혈동맹하여 기의의 기치를 세우고 6월 11일 담양에서 태인으로 출병하였다고 기록되어 있다. 이러한 사실로 보면, 김천일은 5월 16일 나주에서 거병하여 6월 3일 출병하였고, 고경명은 5월 29일 거병하여 6월 11일 출병하였다고 할 것이다.[18]

호남이 없으면 국가도 없다. 그는 이렇게 생각하였다. 6월 3일, 김천일은 나주에서 300 의병을 모아 거병한 후 북상길에 오른다. 호남 최초의 의병이었고, 그는 최초의 의병장이었다.

〈그림 2〉 임실군 임실읍 구고리 원당마을에 있는 학정서원

〈그림 3〉 임실군 임실읍 봉황산 위에 세워진 김천일 현감 선정비

---

18 조원래, 앞의 책, 35쪽.

2) 경기 서울에서의 의병 활동

건재는 임진년 5월부터 진주성 전투에서 순절하기까지 14개월간 지병을 무릅쓰고 혈투에 임하였다. 처음 북상하던 창의병은 건재의 지휘 아래 민간인 침탈을 엄금하였음으로 이로 인하여 연도 주민의 열렬한 환영을 받았다. 백성들로부터 군수물자 지원을 받고 의병 지원자가 늘어 사가가 충천하였다. 그러나 근왕병부대가 용인에서 왜적에게 참패했다는 소식에 사기가 떨어졌다. 패잔병들이 특히 10만 관군이 일조에 무너졌는데 수백 명의 의병이 장차 어찌 되겠느냐는 말에 의병들은 두려움이 떨었다. 그러나 건재가 우리 손에 사직이 걸려 있다고 말하고 죽음을 각오하면 오히려 살 것이라고 독려하며 호소하여, 휘하 의병들을 감동시켰다. 죽기를 맹세한 그들은 도망치는 자가 없었다. 이에 패잔병 관군이 건재 의병대로 합류하여 군세가 늘어 의병이 수천 명에 이르렀다. 김천일이 공주에 도착하였을 때 조헌 의병장이 찾아와 상의하고 돌아갔다. 6월 23일 수원에 도착한 후 막하 송제민을 충청도로 보내 의병을 모으게 하였고 한편 왜적을 소탕하여 원군과 소통을 원활하게 하였다. 건재가 수원부사를 재임한 이력이 있어서 수원 의병들의 지원이 많아 군세가 더욱 떨쳤다. 독성산성禿城山城을 거점으로 삼아 날랜 장사들을 모아 4대로 편성하여 게릴라 전법을 이용하여 번갈아 왜적을 습격하고 매일 왜적을 참살하였다. 금령전투에서는 일시에 15명의 적을 참살하고 병기를 빼앗는 전과를 올렸다.

8월에 양산숙, 곽현을 보내 해로로 행재소에 이르게 했고, 격문을 초하여 황해도, 평안도, 강원도, 함경도 등 여러 도道로 포고하였다. 경기감사 권징은 글을 써서 수원으로 보내 사민이 의병에 따른 자를 잡으므로 군중의 사기가 저하되었다. 드디어 군대를 안산에 옮기고 김포로부터 나아가 통진에 이르자 현감 이수준李壽俊은 환영하고 위로해 주었다. 이 때에 왕세자가 분조하여 이천에서 선전관 박승종을 보내 친필 서찰을 내려 칭찬하고 첨중추겸방어사를 제수하였다. 강화에 진입하여 목책을 세우고 전함도 수선하였다. 다시 조정에서는 장예원 판결사를 제수하고 창의사의 호를 내리고, 교지를 내려 경기도에 있는 적을 토벌하라 하니 건재는 상소를 올려 계략을 진술하였다.

강화도에 들어가기에 앞서 안산에서 김포로 향하던 중 인천의 중림역에서 숙영할 예정이었으나 건재가 지형을 살핀 후 이곳이 흩어진 적병이 야음을 타서 공격하기 좋은 곳이라고 하여 식사를 재촉하고 길을 떠났다. 여명에 적병들이 들이닥쳤으나 아군이 떠남을 알고서 왜적들은 "이 무슨 귀신들인가?"하며 놀랐다. 건재가 군사 전략전술에 대한 상당한 지식을 지니고 있음을 알 수 있는 대목이다.[19]

강화로 이진하여 강화부사 윤담尹潭, 전라병사 최원과 함께 협력하면서 연안에 방책을 쌓고 주함을 대어 수리하니 군세가 더욱 떨쳤다. 이 해 8월부터 이듬해 4월까지 7~8개월 동안 강화도에서 왜적과 싸우면 지냈다. 경성 수복을 위해서 경성 부근 왜적부터 소탕해야 한다는 생각에서였다. 매일 출병하여 부근의

---

19 위의 책, 38쪽.

왜적을 소탕하니 적은 패주하였다.

이 무렵 대표적인 승전은 양화도 전투이다. 이는 관병과 의병의 합동작전의 결과였다. 전라병사 최원, 추의병장 우성전, 경기수사 이빈李蘋, 충청수사 변양준 등과 연합하여 4백 여척을 동원하여 양화도에 진을 치고 풍신수길의 죄상을 게시하고 성중의 왜적에 도전하였다. 성중 왜적들이 응전태세를 갖추지 않자 성중으로 은밀히 장사들을 잠입시켜 두고 내응군을 통하게 하여 무수한 왜적을 참살하였다. 그러나 승세를 타고 강화를 떠나 멀리까지 원정하다가 장단전투에서 적의 유인에 빠져 크게 패하여 위기에 몰리기도 하였다.

김천일의 강화도 주둔이 오래 되자 일부 사무를 이해하지 못한 자들은 의심을 하였다. 비변사에서는 경성이 수복되지 않음을 들어 육지로 나오기를 재촉하고, 또 교지에서도 "강화는 진취적인 곳이 아니므로 육지로 나오라."하여 즉시 정예병 수백 명을 뽑아 임환으로 하여금 권률의 군진에 합류하게 하였다. 그러나 강화도를 떠나지 않았다. 그리고 상소를 올려 강화도를 주둔하여 지키고 반드시 방어하여야 할 사유를 설명하였다.

3)진주성 전투

진주성 전투의 사전 배경은 이러하다.

왜군이 서울에서 철수하자 이를 추격하여 상주를 거쳐 함안에 이른다. 이때 명·왜 강화가 추진 중임에도 불구하고 남하한 왜군의 주력은 경상도 밀양 부근에 집결, 동래·김해 등지의 군사와 합세하여 1차 진주성 전투의 패배를 설욕하고 호남 진출의 교두보를 확보하기 위해 2차 진주성 공격을 준비하고 있었다. 당시 조정은 방어가 어렵다고 판단하여 수성을 포기하라는 명을 내렸고, 도원수 권율과 경상도 의병장 곽재우마저도 진주를 떠나고 만다.

〈그림 4〉 나주시 정렬사에 있는 건재 선생의 신도비

〈그림 5〉 나주시에 위치한 정렬사旌烈祠 사당

임금께서 왜적을 추격하라는 교지를 내렸다. 이에 건재선생은 "내가 비로소 죽을 곳을 얻었다."라고 말했다. 민·관의 연합부대는 다시 나뉘어 관병은 관에게 내주었다. 그래서 불과 의병 수백 명을 이끌고 남하하였다. 왜적들은 30만 대군이라 일컫는 부대를 이끌고 작년에 김시민 장군에게 패전하여 이번에 복수하겠다고 호언을 하면서 진주성을 공격하려 하였다. 명나라 장수들은 화의의 뜻을 갖고 있어 싸우려 하지 않아서 감히 우리 관병과 의병이 먼저 나서지 못했다. 유격장군 심유경이 왜군이 작년에 실패한 진주성 공격을 이제 갚으려 하니 진주성에서 모두 철수하면 왜병들이 자연히 철수할 것이다.

라고 말하였다. 이에 건재선생이 글로 써서

국가의 근본이 호남이고 호남은 진주에 가까우니 진주가 없으면 호남이 없다. 성을 비우고 왜적을 피하고서 마음을 유쾌히 갖으려 함은 계책이 아니다.

라고 하였다.

6월에 전 병력 300명으로 진주성에 들어갔다. 죽음으로 진주를 지켜 호남을 방어하겠다는 청원의 상소를 올리고, 6월 14일 회답을 기다리지 않고 의병을 이끌고 진주성에 들어갔다. 경상병사 최경회, 충청병사 황진, 복수장 고종후, 사천현감 장윤과 더불어 죽음으로써 진주성을 지킬 것을 약속하였다. 김해부사 이종인이 먼저 입성했고, 거제현령 김준민, 해미현감 정명세, 의병장 이계열, 민여운, 강희보 등이 합세하자 병사가 수천 명이 되었다. 성안의 사녀는 6, 7만 명이었다.

6월 20일부터 29일까지 공방전이 계속되었다. 6월 20일 왜적의 선봉이 이미 진주의 경계에 이르니 오유吳宥, 이잠李潛 등이 성으로 나아가 적을 염탐하여 수급을 베어 가져왔다. 이 무렵 건재가 양산숙을 명 제독 유정劉綎에게 가서 구원병을 요청하였으나 유정은 왜적이 두려운 나머지 군사를 내주지 아니하였다. 이튿날 무수한 적병들이 성 앞에 이르러 세 겹으로 에워싸고

성 밑까지 육박하여 대나무로 목책을 세워 그 안에서 화포를 빗발처럼 쏘아댔다. 성중의 사람이 힘을 다하여 굳게 지켰다. 밤을 타서 동문에 접근하여 크게 공격하였으나, 휘하의 황진 등이 물리쳤다. 갑자기 성의 서북 모퉁이를 급습하여 성이 거의 함락하기 직전에 황진이 칼을 들고 군사를 지휘하여 성위에 올라가 적을 쏘아 물러가게 하였다. 적들은 물러나서 토산을 쌓고 성에 붙어서 공격하자 황진 역시 높이 언덕을 만들어 수비하였다. 이에 적이 또 판자 집을 만들어 큰 나무 위에 놓고 올라가서 불을 놓아 성안의 가옥을 불타게 하자, 황진이 화포로 판자 집을 부수었다. 왜적이 5개의 언덕을 성 동서로 쌓고 목책 위에서 탄환을 쏘았다. 강희보가 죽자 황진이 다시 불화살을 쏘아 목책을 태우자 적이 큰 궤짝을 만들어 사륜차 위에 놓고 갑옷을 입은 자가 수레를 끌고 성 가까이 왔다. 황진이 불다발에 기름을 부어 수레를 태워버렸다. 그 뒤 왜적이 몰래 성 밑으로 구멍을 뚫으므로 황진이 군사를 몰아 사력을 다해 싸워 적장을 죽이고 적병 수천 명을 죽이자 그제야 적병이 물러났다. 황진이 전장터를 살피는 순간 적탄에 맞아 숨지고 그 자리를 장윤張潤이 대신하여 싸우다가 죽었다. 두 장수가 죽자 군사들의 사기가 저하되었다. 왜적이 항복을 권유하였다. 건재선생이 우리는 죽기로 작정하고 싸우니 왜적에게 물러가라고 답변하였다.

　6월 29일 비가 많이 온 후로 성 일부가 무너지자 일시에 왜구들이 떼로 밀려왔다. 이종인이 육박전으로 막으려 하였으나 중과부석으로 막지 못하였다. 겁이 많고 용렬한 서례원이 먼저 달아나고 군졸은 크게 무너졌다. 성이 함락되자 건재 선생은 북향

재배하고 아들 상건, 최경회, 양산숙 등 수십인과 남강에 뛰어들어 죽었다. 이에 이종인, 이잠, 강희열 등이 칼을 들고 적을 막아 싸우다가 장렬히 전사하였다. 이종인은 "김해부사 이종인은 여기서 죽는다."라고 외치면 죽었다. 장렬한 최후였다. 진주성이 함락되자 군민이 다 도륙되어 사람은 물론 소, 말, 닭, 개조차 살아남은 것이 없었다.

차남 상곤이 건재선생의 치발로 진주 남쪽 내영산內榮山에 장사하였다. 차남 상곤이 장사하는 일에 의심이 되어 우계 성혼 선생에게 묻자, 성혼은 "치발로 장사하지만 반드시 예를 갖추어야 한다."라고 충고하여 그에 따랐다. 9월에 명나라 장수 지휘사 오종도가 사람을 진주에 보내 치제하였다. 1600년(선조 33 경자년) 명나라 장수 오종도가 두 번째 치제하였다. 오종도 장군이 절강성 병사들을 이끌고 진주를 지나면서 "여기가 창의사 김천일공이 절사한 땅이다."라고 하고 몸소 글을 지어 통곡하며 제사지냈다.

그의 사후 선조 36년(1603) 좌찬성에 추증되고, 광해군 10년(1618) 영의정에 가증加贈된다. 전남 나주의 정렬사旌烈祠, 경남 진주의 창렬사彰烈祠, 정읍 태인(현재 북면) 남고서원南皐書院, 전북 임실 학정서원鶴亭書院, 전북 순창 화산서원花山書院에서 위패를 모시고 있다. 나주의 정렬사에는 한 손은 불끈 쥐고 다른 한 손은 칼을 쥔 채 갑옷도 투구도 없이 나선 김천일의 동상이 서 있다. 동상 아래에는

56세의 선비로 붓을 버리고 쾌자(快子)만을 걸치고 투구 없는 맨

머리로 앞장서니 선생의 충국忠國에 큰 뜻을 따르는 의사가 많았다.

라는 글귀가 새겨 있다.

 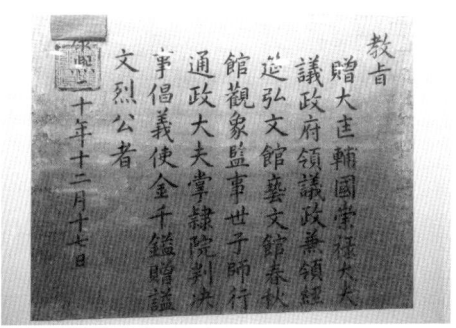

〈그림 6〉 나주시에 있는 정렬사旌烈祠
옆에 세운 건재 선생 동상

〈그림 7〉 건재 선생을 영의정에 추증하는 교지

4. 결어

맺는말은 본문 내용을 요약하는 것으로 대신하고자 한다.
　첫째, 그의 인품은 선조 때 탁행지사로 전국 6명 가운데 한 명으로 천거되었다. 그의 인품과 덕망은 남달랐다. 극념당에 써 붙인 이 좌우명처럼 인간적으로 상대방을 존중하고 인재를 아끼고 자기 자신은 겸손하였다. 외조모에 대한 효성과 외조모 사후 3년 상으로 인한 득병, 그리고 조상에 대한 극진한 제사에서 그의 효성심을 볼 수 있다. 그를 평생 괴롭힌 질병도 외조모 삼년상을 너무 극진하게 치렀기 때문이었다.

둘째, 임진왜란 당시 호남 최초의 의병장이었다. 그는 앞서 살핀 바와 같이 출천의 충신이었다. 그의 사후에 시호(문열)를 내리고 영의정에 추증된 점으로 보아 가히 알 수 있다.

셋째, 건재는 절의의 선비요 강직한 선비였다. 국난에 나라를 위해 목숨을 버렸고 나라를 위한 상소는 강직하였다. 수원부사로 있을 때 왕자와 귀족들에게 백성들과 똑같이 세를 부과하여 탄핵을 받아 물러난 일이 있었다.

넷째, 국가의 관원으로서 너그러움으로 구휼과 선정을 베풀었다.

다섯째, 소재 노수신에게 준 편지[20]와 이항 선생이 극념당을 지었을 때 보내준 친필의 서한[21] 등으로 볼 때 그가 성리학의 대가임을 짐작을 할 수 있다. 그러나, 그는 57세에 순국하였고, 또 많았을 것으로 추정되는 유작의 산실로 말미암아, 그의 고매한 학문의 진면목을 살필 수가 없음이 아쉬울 따름이다.

조선 후기 문장 4대가 가운데 한 사람인 택당 이식(1584)은 일재와 고봉을 호남 성리학의 두 기둥이라고 평가하면서 이렇게 말하였다.

> 호남은 상도에 이일재(이항)가 있고, 하도에 기고봉(기대승)이 있는데, 고봉은 일찍 죽어 (제자 양성) 강학에는 미치지 못하였고, 일재는 제자는 많았다.[22] 오직 건재가 있어 (학통)을 이어야 했으나

---

20 노수신이 주자가 인심도심설을 정자 구설에 인해서 말하고 우연히 손을 대지 아니하였다는 점에 대한 건재의 비판, 그리고 일재가 나정암론이 그르다고 한 점에 대하여 노수신이 일재의 지적이 옳지 않다는 점을 말하자 이에 반론을 제기한 편지글이다. 나정암은 나흠순(1465~1547)이다. 명나라 성리학자로 주기론의 입장에 서 있었다.
21 이항 선생이 써 보낸 "誰是聞一貫 鳶飛同魚躍"이라는 구절.

국난을 당하여 순절하였다. 그래서 그의 학문을 온전히 전한 사람은 없다.[23]

라고 평하였다. 건재 선생의 순절로 말미암아 이항의 학통이 단절되었다고 보았다. 이것이 아쉬운 점이다.

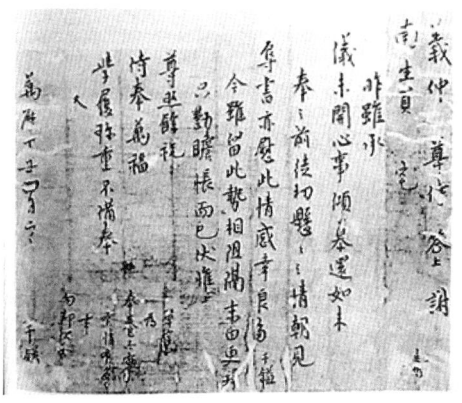

〈그림 8〉 건재 김천일 장군의 글씨. 성균관대학교 도서관 소장

22 일재 이항 선생의 제자는 지금까지 밝혀진 바로는 54명 정도였다.(박눈기, 「일재 이항 신생의 상무정신」, 『일재이항선생학술대회』 초록, 1999, 31쪽)
23 정병연, 「일재 이항의 이기일물설」, 『일재이항선생학술대회』 초록, 1999, 41쪽.

[건재 김천일 선생 연보]

- 1537년(중종 32 정유년 정월) - 김언침金彦琛의 외아들로 나주에서 출생
- 1537년(중종 32) - 출생 이튿날 모친 사망(모친은 적순부위의 딸)
- 1537년(중종 32) - 출생 7개월 만에 진사進士였던 김언침金彦琛 사망
- 1537년(중종 32) - 부모가 사망하고 고아가 되자 외조모徐氏에 의해 길러짐[24]
- 1544년(중종 39 갑신년) - 8세 때에 처음으로 선조들이 살던 고향 창평현 태산리 방문
- 1548년(명종 3 무신년) - 12세에 배움 부재에 대하여 이렇게 말하였다.

외조모는 나의 고고함을 불쌍히 여겨 다만 수명만 이을 것을 바랄 뿐, 학문은 가르칠 뜻이 없어서 내가 10여 세가 되도록 우치무상으로 방랑하기 짝이 없었다.

- 1549년(명종 4 기유년) - 13세 때에 비로소 배울 것을 청하였다. 작은 아버지 참봉 김신침金信琛에게 나아가 말하였다. "진즉 배우려는 뜻이 있었으나 안으로는 부형이 없고 밖으로는 사우가 없습니다. 멀리 떠나 스승을 찾아가려 해도 외조모님께서는 차마 놓아

---

24 『호남절의록』에는 고숙 이광익의 집에서 자랐다고 하였으나, 『건재선생문집』 등 여타의 기록에는 외조모 밑에서 자랐다고 기록되어 있다.

주지를 아니할 것이니 이를 어찌하오리까?"
ㅁ 1551년(명종 6 신해년) - 15세에 작은 아버지 참봉 김신침에게 배움을 받다. 앞서 배움이 없지는 않았지만 훌륭하게 깨달아 견문이 자못 넓어지고 배울수록 패연히 강물을 쏟아지는 것과 같았다.
ㅁ 1554년(명종 9 갑인년) - 18세에 위원군수 김효량의 따님 김해 김씨金海金氏에게 장가 들다.
ㅁ 1555년(명종 10년 을묘년) - 19세에 일재 이항 선생의 문하에 들어가 수학하다.
장차 배우러 일재 문하로 떠날 때 외조모가 먼 속이라서 만류하였다. 외조모께서 허락하지 않으면서 말하기를 "가까운 데도 네 스승이 얼마든지 있는데 어찌하여 멀리만 가려 하느냐?"라고 하니, 선생이 대답하기를 "경전을 가르치는 스승은 찾기 쉬워도 사람의 스승은 찾기 어려워 그래서 가까운 데를 버리고 멀리 가려는 것입니다."라고 하였다. 일재 이항 선생은 그의 자품을 아름답게 여기고 처음에 『소학』을 주어 모두 외우자, 『대학』을 주어 가르쳤다. 거경궁리를 부지런히 하여 날이 갈수록 고명하여 감으로 동문수학하는 선후배들이 도저히 건제를 따르지 못하겠다고 말하였다.
ㅁ 1557년(명종 12 정사년) - 21세에 장남 상건이 태어났다.
ㅁ 1558년(명종 13 무오년)
-22세 때 하서 김인후 선생을 찾아가 뵈었다.

하서 선생은 배운 바를 질문하여 보고서 말하였다. "실득한 선비를 만난 것은 남주에서는 이 사람이 처음이다."라고 칭찬하고, 작별에 임하여서는 오언절구, 칠언절구 각 1수씩을 지어 주었다.
- 22세 때에 생원 초시에 합격하였다. 미암 유희춘이 쓴 『미암일기』에 이르기를 "김모가 생원 초시에 제4에 합격하였다."고 하였다, 예부에 들어가기 위해 장차 입성하려 할 때 하서 김인후 선생이 절구 두 편을 지어 주었다.

□ 1559년(명종 14 기미년)
- 23세 때 태산서사에서 학문을 강론하였다. 이 때 참봉 박희안, 참봉 조세경도 찾아왔다.
- 둘째 아들 상곤이 태어났다.
- 23세 때 하서 김인후 선생이 찾아왔다. 배를 타고 복암강에서 놀면서 하서 선생은 절구 3수를 지어 주었다.

□ 1560년(명종 15 경신년) - 25세 때 소재 노수신이 진도에 유배 왔을 때 일재 선생 아래에서 동문수학하던 나사 율과 함께 노수신을 찾아가 뵙고 강론을 들었다. 세 사람은 술을 마시고 시를 지어 불렀다.

□ 1562년(명종 17 임술년) - 27세 때 봄에 복암강사를 짓고 편액은 "극념당"이라고 하였으며 좌우명을 지었다. 일재 선생으로부터 벽상에 써 붙일 시를 지어 보내왔다. "誰是聞一貫 鳶飛同魚躍"이라 하였다. 사암 박순이 시를 보내왔다.

□ 1564년(명종 19 갑자년) - 29세 때 5월에 노수신에게 논변이

잘못되었음을 지적하는 편지를 올렸다.[25]

☐ 1566년(명종 21 병인년) - 30세 되던 해 7월에 임금의 부르심을 받고 일재 선생을 떠났다. 동문들과 더불어 학문을 강의하고 돌아왔다.

☐ 1567년(명종 22 정묘년) - 31세 때에 일재 이항 선생에게 돌아왔다. 일재가 일찍이 남쪽 왜적들의 출몰 소식을 듣고 제자들에게 이르기를 난세이니 안일하게 지낼 수만은 없다고 하여, 시험 삼아 난세에 대비하여 5일간 음식을 먹지 않고 살아남는 능력을 시험하였다. 평소와 다름없이 강독을 꾸준히 하면서 정신기운이 더욱 광채를 띤 사람은 오직 건재 한 사람뿐이었다.

☐ 1568년(선조 원년 무신년) - 32세 때 미암 유희춘에게 편지를 보냈다. 조정에서 전국 적으로 6명의 탁행지사를 벼슬살이에 천거하라 하였는데, 미암 유희춘이 건재 선생을 전라감사에게 추천하여 임금께 천거하게 하자, 미암선생에게 편지를 써서 자신에 대한 천거를 중지하게 하였다. 그럼에도 탁행으로 천거되었다. 전라감사가 "김모는 기질이 순수하고 학문에 힘을 쓰며 일찍이 조실부모하고 외조모 슬하에서 자랐는데 자라서는 섬기기를 부모처럼 하였고, 3년

---

25 소재 노수신이 주자의 인심도심설이 정자의 그것에 의지하고 우연히 손을 대지 않았다는 점을 말한 것과 또한 일재 선생이 나흠순(羅欽順)의 학설에 대하여 그르다고 비판한 것을 가지고 옳지 못하다고 소재가 말하였기 때문에 건재가 소재의 의론에 대하여 이에 대하여 비판한 편지글이다.

상을 치르자 보고 듣는 이가 경탄하였다"라고 하였
다. 선조가 묘당에 보내 의논하라고 하자, 미암 유
희춘은 전라감사가 그의 군자다운 실정을 다 알지
못하였다고 하였다. 헌납 최정崔頲이 임금께 등용할
것을 진언하니, 미암이 "김모가 바야흐로 질병으로
벼슬을 감당할 수 없으니 선비를 배양하는 예로 감
사에게 명하여 약물을 내려주어 착한 선비를 표양
하소서."하였다.[26]

☐ 1573(선조 6년 계유년)
- 37세 때에 6월에 군기시 주부에 제수되었다. 조정에서는 경전에 맑고 행실을 닦은 이를 천거하라 명하였는데, 건재 선생을 비롯한 이지함, 조목, 정인홍 등이 천거되어 등용되었다.
- 37세 때 가을에 용안현감에 제수되었다.

☐ 1575(선조 8년 을해년)
- 용안현감으로 있다.
- 상감이 이조에 묻기를 군의 치적이 어느 곳이 제일이냐고 묻자, 이조에서 여주목사 황림黃琳, 해주목사 이린李遴과 더불어 용안현감 김천일을 말하였다.

☐ 1576년(선조 9 병자년) 40세 때
- 정월에 강원도 도사에 임명하였다.

---

[26] 당시 건재는 외조모 삼년상을 여막생활을 하느라 몸에 병이 들어 있어서 미암 유희춘이 진심으로 건재선생의 건강을 생각하여 임금께 건의한 것이다. 외조모 삼년상을 치르는 여막생활로 말미암아 질병에 걸린 건재는 평생 병이 끊이지 않았다.

- 부임한 지 얼마 지나지 않아 병으로 체직할 것을 상신하였다.
- 바로 경상도 도사에 임명하였다.
- 부임하러 가면서 경상도 언양(본관)에 이르러 객관에서 잠을 자는데 꿈에 한 노인이 나타나 이르기를, "나는 너의 선조 위열공(고려시대 김취려 장군)이다."라고 하였다. 김취려 장군 묘가 현의 북쪽 2리 떨어진 송동에 있다. 건재 묘역에 찾아가 성묘하고 사초하고 비석을 세웠다.
- 6월에 일재 이항 선생의 부음을 듣고 벼슬을 버리고 달려와 곡哭을 하였다.
- 8월에 일재 이항선생을 장사하였다. 동문 기효간, 변사정과 더불어 치제하였다.

□ 1577년(선조 10년 정축년) 41세 때
- 5월에 일재 선생의 행상을 찬하고 묘명은 소재 노수신에게 청하였다.
- 남고서원을 건립하였다.

□ 1578년(선조 11 무인년) 42세 때
- 봄에 사헌부 지평으로 부르자, 임금의 은혜에 감사하며 사양하여 면하고 상소上疏를 올려 시무대요時務大要를 진술하였다.
- 조정에 가서 입시하여 시폐時弊를 적극 논하고 현재를 등용할 것을 임금께 요청하였다. 사암 박순이 조정에서 물러나와 이르기를 "건재는 초야에 있는 사람으로 한 번 어전에 들어와서 행동이 온화하고 부드러우며 말하는 것이 바르니 어떤 내용이든지 속일 수 없을 정도였다."라고 하였다.
- 율곡 이이가 벼슬을 버리고 향리로 돌아가려 하자, 건재 선

생이 말하기를 "당금의 시세가 급하니 가히 물러갈 때가 아닙니다. 비록 크게 좋은 세상을 만들 수는 없다고 할 지라도 마땅히 묵묵히 직위에 있으면서 인재를 수습하고 심신을 합쳐 형상 유지라도 해야 할 것입니다. 저는 지금의 군자가 甯武子(영무자)의 어리석음에서 지혜를 배워야 한다고 봅니다." 라고 하니, 율곡 선생은 "그대의 말이 심히 간절하여 내 마음이 몹시 근심스럽구려. 반드시 편지 한 통을 써서 그에게 보내리라."하였다.[27]

병을 칭하여 사직하고 남으로 내려왔다.

옥계 노진을 제사하였다.

임실현감에 제수되었다.(이때부터 45세 때까지 임실현감으로 임실에 있었다)

□ 1581년(선조 14 신사년) 45세 때 봄에 체임되어 돌아왔다.

- 임실 백성이 선정비去思石를 세웠다. 내용은 "부역을 고르게 하고 효순을 포양하고 인재를 기르고, 기로를 먹이고 민속을 가다듬고 숙폐를 제거하였다."라고 하였다. 비석 후면에 "一區籬落閒鷄犬 百里田園放馬牛 樂業方形增秩去 葛川和淚郡邊流"라고 새겼다.

- 제봉 고경명이 내방하여 복암강사에서 놀며 시詩를 썼다.

---

[27] 『논어』 공야장에서 공자는 위나라 대부인 영무자를 칭찬하면서 이런 말을 했다. "영무자는 나라에 도(道)가 있으면 지혜로웠고, 나라에 도(道)가 없으면 어리석었다. 그의 지혜로움은 누구나 따를 수 있었지만, 그의 어리석음은 따를 수 없었다.(子曰, 甯武子, 邦有道則知, 邦無道則愚. 其知可及也, 其愚不可及也.)" 즉, 나라가 올바른 도리로 다스려질 때, 선비는 출사하여 정치에 참여하고 말할 수는 있지만, 나라가 올바른 도리를 잃고 어지러우면, 선비는 올바른 도리를 지키면서 말을 삼가야 한다. 즉, 영무자의 어리석은 체 하는 행동을 배워야 한다는 뜻이다.

□ 1582년(선조 15 임오년) 46세 때
- 순창군수를 제수하였다. 조정에서 법을 지키어 백성을 다스릴 사람을 선택하였는데 건재가 첫 번째로 발탁되었다.
- 글을 지어 옥봉 백광훈을 제사하였다.
- 12월에 우계 성혼에게 편지를 보냈다.
□ 1584년(선조 17 갑신년) 48세 때
- 상소를 올려 시국의 폐단을 진술하였다. 그 내용은 풍이 날로 퇴폐해져 경박함이 지나치다. 선비는 국가의 초석인데 이런 지경에 이르니 조정의 불화와 국가의 병근이 여기에 있다고 하였다.
- 담양부사를 제수하였다.
□ 1585년(선조 18 을유년) 49세 때
- 담양부사로 있으면서 상감의 교지를 보고 응하여 상소를 올렸다.
□ 1586년(선조 19 병술년) 50세 때
- 벼슬을 버리고 돌아갔다.
- 제자들과 더불어 경전을 강론하였다.
- 사촌 동생 구일에게 훈계하였다. 우리 가문은 대대로 시와 례를 권하여 왔으니 자손으로써 몸가짐을 천인단애에 서 있는 듯이 하고 마음가짐은 빙옥氷玉 같이 하라고 하였다.
□ 1587년(선조 20 정해년) 51세 때
- 상소하여 왜에 대한 경계를 논하였다.
- 임금은 상소를 보고 충성스럽고 강직하다고 칭찬하였다.
- 항상 극념당에서 학문을 강론하고 늘상 해가 기울 무렵이

면 말을 달리고 활을 익히며 제자들에게도 무예를 익히게
하였다.
- 밤에 천문을 보고 "국가의 재앙이 장차 조석에 있으니 어찌
안일하게 자처하리오?"라고 하였다.

□ 1588년(선조 21 무자년) 52세 때
- 여름에 왜가 화해하여 지내자고 요청하니, 편지를 써서 서
애 유성룡에게 보내 왜놈과 화해하는 일이 그르다는 것을
적극적으로 말하였다.

□ 1589년(선조 22 기축년) 53세 때
- 한성부 서윤에 임명하였다.
- 상소하여 역적의 정상을 논하였다. 조정이 인심을 잃어서
역적이 하늘을 두려운 지 모르고 꾀를 도모한다는 내용의
충정이 절절한 상소이다. 선조께서 그의 충성을 크게 칭찬
하였다.
- 군자정을 제수하였다.
- 곧이어 두 번째 상소를 올렸다. 기축옥사에 즈음하여 옥사
가 만연되는 것을 걱정하는 성소이다.
- 수원부사에 제수되다. 재직 당시 서울에 가까운 수원에 부
귀한 고관들의 토지가 많아도 해마다 세금과 부역을 하지
아니하였다. 선생은 이에 부호들의 관리로서 왕의 일을 다
스리려면 부역을 공평하게 하지 않을 수 없다고 하면서, 일
신의 이해만을 위하고서 거꾸로 매달린 백성들의 고통을
살피지 않을 수 있으랴 하고 세금과 부역을 균등히 하다가
대간의 탄핵을 받아 파면되었다.

- 수원부사에서 파면되었다.
- 11월에 우계 성혼에게 편지를 보냈다. 율곡선생을 비롯한 충신들이 벼슬에서 물러나려고만 하자, 건재는 우계 성혼에게 그 일을 걱정하며 과격한 송강 정철을 누그러뜨려서 벼슬에 그대로 있게 해달라는 조언의 당부이다.
- 우계 성혼에게 편지를 보냈다. 호남 유생의 상소로 인해 우계가 혐의를 핑계로 사퇴할까 걱정되어 우계 성혼 선생으로 하여금 나라를 지키고 왕을 보좌하게 하려는 내용이다.

□ 1592년(선조 25 임진년) 56세 때
- 4월에 임진왜란이 발발하였다.
- 4월에 왜적이 경성을 육박하였다.
- 임금이 의주로 몽진하였다.
- 5월에 건재는 집에 계시면서 통곡하고 "나라의 기강이 문란하고 인심이 이탈하였으니 비록 어진 장수가 있을지라도 어찌할 수 없다. 그러나 군부가 위급한대 어느 겨를에 안위를 논하리오?"라고 말하였다.
- 5월에 건재는 전 부사 고경명, 전 목사 박광옥, 전 정랑 정심鄭諶, 전 군수 최경회 등에게 편지를 보내 의병을 일으킬 것을 약속하였다.
- 5월 13일에 향리의 자제들을 불러 모았다. 의사 송제민, 양산룡, 양산숙梁山璹, 임환林懽, 이광주李光宙, 서정후徐廷厚 등이 모였다. 선생은 눈물을 흘리며 말하기를 "나랏일이 여기에 이르렀으니 우리들이 어찌 구차히 살겠는가? 설사 살려고 한들 홀로 온전할 이치가 없는 것이다. 구학에서 죽을 바에

야 차라리 적을 토벌하다가 낫지 않은가?"
이에 옳다고 여기고 군량미와 가동들을 모아 하루도 안 되어 모이는 자가 300명이고, 무기도 만들어졌다.
- 6월 3일 단에 올라 제를 올리고 삽혈동맹을 맺고 대오를 정비하고 북상하면서 군기를 엄하게 하여 민간을 약탈하지 못하게 하였다. 이에 민간에서는 감동하여 술과 쇠고기를 가져와 의병대를 위로하였다. 얼마 안 되어 삼도의 관군들이 용인에서 무너져 흩어졌다. 관군들은 의병들의 적고 약한 군세를 보고 "우리는 10만으로도 하루아침에 무너졌는데, 겨우 수백 명 가지고 어쩌려고 그러시오?"라고 하자, 의병들이 모두 두려워하였다. 이 때 건재가 깨우치기를 "너희들은 국가에서 먹여 살린 백성이 아니더냐? 임금이 욕되면 신하는 죽는단 말이 오늘을 두고 한 말이니라. 살고 싶어 의를 저버린 자는 지금 당장 마음대로 돌아가라."라고 하니, 군중들은 눈물을 흘리며 죽기로 맹세하였다. 흩어진 군사도 되돌아왔다. 행군하여 호서에 이르니 의병대에 가담한 수효가 늘어 수천 명이 되었다. 장차 금강을 건널 때 앞장 서서 건너기를 주저하자, 건재가 먼저 앞장을 서서 물어 들어가면서 전군全軍이 뒤따르게 따르게 하였다.
수원에 이르러 독성산에 진을 쳤다. 이 날만도 의병이 100여 명이 늘었다. 장사들이 나아가 시험 삼아 왜놈을 목 베고 돌아왔다. 금령에 있는 왜적 15명을 참하고 전마와 갑옷과 창검을 얻었다.
- 8월에 양산숙, 곽현을 보내 해로로 행재소에 이르게 했고,

격문을 초하여 황해도, 평안도, 강원도, 함경도 등 여러 도 道로 포고하였다. 경기감사 권징은 글을 써서 수원으로 보내 사민土民이 의병에 따른 자를 잡으므로 군중의 사기가 저하되었다. 드디어 군대를 안산에 옮기고 김포로부터 나아가 통진에 이르자 현감 이수준은 환영하고 위로해 주었다. 이 때에 왕세자가 분조하여 이천에서 선전관 박승종을 보내 친필 서찰을 내려 칭찬하고 첨중추겸방어사를 제수하였다. 강화에 진입하여 책을 세우고 전함도 수선하였다.
- 조정에서는 장예원 판결사를 제수하고 창의사의 호를 내리고, 교지를 내려 경기도에 있는 적을 토벌하라 하니 상소를 올려 계략을 진술하였다.
- 왜적의 심복이 되거나 앞잡이가 된 자들을 개유하여 우리 편에 서게 하였다.
- 왜적이 강릉과 태릉을 파묘하려 하자 이를 중지케 하였다.
- 경성의 왜적들을 공격하자 왜적들은 성안으로 도주하였다.
□ 1593년(선조 26 계사년) 57세 때
- 상소를 올려 토벌하여 복수할 요령을 논하였다.
- 의병을 전진시켜 경성에 들어가 점령하고 능묘를 봉심한 후 의병을 나누어 경성을 수비하였다.
- 명나라 장수 이여송이 평양을 탈환하고 개성에 이르자 건재가 서울의 형세, 도로, 적정의 허실 등을 기록하여 이여송에게 보냈다. 경기수사 이빈李蘋과 충청수사 정걸丁傑과 더불어 수군 전체를 선유봉에 출동시켜 노량의 뒤를 끊고 육군은 나누어 사현에서 적을 만나 왜적을 무수히 죽였다.

명장이 건재를 명실상부한 명장이라고 칭찬하였다.
- 왜적이 세가 꺾여 명나라 장수에게 화의를 청하자 심유경이 허락하려 하였다. 이에 건재선생은 "우리나라 신하는 왜적과 더불어 같은 하늘 아래 살 수 없다. 자제가 부형의 원수를 갚으려는데, 장수가 어찌 이것을 금하겠소이까?"하였다. 이에 접반사 이덕형이 탄식하면서 "선생 같은 분들만 많다면 명나라 장수들이 화의를 거두어 들일 수도 있으련만." 하였다.
- 건재선생은 막하 장수 이영노를 이순신 제독에게 보내 화의가 옳지 못함을 진술하여 보냈다.
- 4일에 왜적이 성을 버리고 달아나자, 건재선생은 능묘에 봉심하고 병사들을 나누어 성을 수비하였다. 이에 유민들이 모두 입성하였으므로 배에 실어놓은 군곡 1,000여 석을 백성들에게 나눠주었다.
- 글을 써서 명장에게 왜적을 살려 보내면 후환이 있으리라고 말하였으나 그들은 듣지 않았다. 임금께서 왜적을 추격하라는 교지를 내렸다. 이에 건재선생은 "내가 비로소 죽을 곳을 얻었다."라고 말했다. 민관의 부대는 관에게 주었음으로 불과 수백 명을 이끌고 남하하였다. 왜적들은 30만 대군이라 일컫는 부대를 이끌고 작년에 김시민 장군에게 패전하여 이번에 복수하겠다고 호언을 하면서 진주성을 공격하려 하였다. 명나라 장수들은 화의의 뜻을 갖고 있어 싸우려 하지 않아서 감히 우리 관병과 의병이 먼저 나서지 못했다. 유격장군 심유경이 "왜군이 작년에 실패한 진주성 공격을

이제 갚으려 하니 진주성에서 모두 철수하면 왜병들이 자연히 철수할 것이다."라고 말하였다. 이에 건재선생이 글로 써서 "국가의 근본이 호남이고 호남은 진주에 가까우니 진주가 없으면 호남이 없다. 성을 비우고 왜적을 피하고서 마음을 유쾌히 갖으려 함은 계책이 아니다."라고 하였다.
- 6월에 전 병력 300명으로 진주성에 들어갔다. 죽음으로 진주를 지켜 호남을 방어하겠다는 청원의 상소장을 올리고 6월 14일 회답을 기다리지 않고 의병을 이끌고 진주성에 들어갔다. 경상병사 최경회, 충청병사 황진, 복수장 고종후, 사천현감 장윤과 더불어 죽음으로써 진주성을 지킬 것을 약속하였다. 김해부사 이종인이 먼저 입성했고, 거제현령 김준민, 해미현감 정명세, 의병장 이계열, 민여운, 강희보 등이 합세하자 병사가 수천 명이 되었다. 성안의 사녀는 6, 7만 명이었다.
- 6월 20일부터 29일까지 공방전이 계속되었다. 왜적이 항복을 권유하였다. 건재선생이 우리는 죽기로 작정하고 싸우니 왜적에게 물러가라고 답변하였다.
- 6월 29일 성이 함락되자 선생은 북향사배하고 남강에 뛰어들어 죽었다.
- 치발로 진주 남쪽 내영산에 장사하였다. 차남 상곤이 장사하는 일에 의심이 되어 우계 성혼 선생에게 묻자, 성혼은 "치발로 장사하지만 반드시 예를 갖추어야 한다."고 충고하여 그에 따랐다.
- 9월에 명나라 장수 지휘사 오종도가 사람을 진주에 보내

치제하였다.

□ 1600년(선조 33 경자년)
- 명나라 장수 오종도가 두 번째 치제하였다. 오종도 장군이 절강성 병사들을 이끌고 진주를 지나면서 "여기가 창의사 김천일공이 절사한 땅이다."라고 하고 몸소 글을 지어 통곡하며 제사지냈다.

□ 1603년(선조 36 계묘년)
- 승정원의 건으로 공을 숭정대부 좌찬성을 증직하였다.

□ 1606년(선조 39 병오년)
- 12월에 나주 인민들이 사당을 세워 나주성 서편 5리 월정봉 밑에 세웠다. 정렬사라 사액하였다.

□ 1607년(선조 40 정축년)
- 7월에 진주성 서북에 세우고 창렬사라고 사액하였다.
- 9월에 순창 인사들이 순창군 동쪽 20리 화산에 원을 세웠다. 화산서원이라 한다.
- 임실 인사들이 임실현 남쪽 20리에 학정에 원을 지었다. 학정서원이라 한다.

□ 1618년(광해 10 무오년)
- 대광보국숭록대부 의정부영의정을 증직하고 관리를 보내어 치제하였다.

□ 1627년(인조 5 정묘년) - 시호를 문열이라고 증하였다.

□ 1630년(인조 8 경오년) - 문려를 정표하였다.

□ 1685년(숙종 11 을축년)
- 태인 인사들이 선생을 일재선생서원 남고서원에 배향하였다.

☐ 1745년(영조 21 을축년)

－부조묘를 명하고 관을 보내어 정렬사에 치제하고, 종제 구일의 증손 련의 아들 성규를 주사로 별정하였다.[28]

☐ 1795년(정조 19 을묘년)

－관을 보내 창렬사에 제사하고 사손祀孫 득려得麗를 등용할 것을 명하여 감역의 벼슬을 내렸다.

☐ 1812년(순조 12 임신년) － 관을 보내 정렬사에 제사하였다.

---

28 본래 4대가 넘는 조상의 신주는 사당에서 꺼내 묻어야 하지만 나라에 공훈이 있는 사람의 신위는 왕의 허락으로 옮기지 않아도 되는 불천지위(不遷之位)가 된다. 따라서 불천지위가 된 대상은 사당에 계속 두면서 기제사를 지낼 수 있다. 이것을 부조묘라고 한다.

참고문헌

『선조실록』, 『선조수정실록』, 『난중잡록(亂中雜錄)』, 『수은집(睡隱集)』, 『계곡집(谿谷集)』, 『건재집(健齋集)』, 『연려실기술』, 『호남절의록(湖南節義錄)』, 『해동명신록(海東名臣錄)』, 『징비록(懲毖錄)』

이경석, 『임진전란사』중, 임진전란사간행회, 신현실사, 1974.
송정현, 「임진왜란과 호남의병」, 『역사학연구』 IV, 전남대학교사학과, 1972.
조원래, 『임란의병장 김천일연구』, 학문사, 1982.
_____, 『임진왜란과 호남지방의 의병항쟁』, 아세아문화사, 2001.
_____, 「김천일의 의병활동과 그 성격」, 『사학연구』 31, 1980.

일재—齋 이항李恒 선생의 문학적 사제 계보와 그 특징
: 『일재집—齋集』을 중심으로

김익두
전북대학교 교수, 정읍학연구회 회장

1. 서언

최근 3년 동안 총 두 차례에 걸친 일재 이항 학술대회[1]를 통해서, 우리는 일재 이항 선생에 관한 상당히 많은 사실들과 새로운 의미, 그리고 그동안 파악하지 못했던 사상사적-철학사적 의의를 도출해낼 수 있었다. 제1회 학술대회에서는 일재 이항을 종합적으로 탐구·논의하여, 생애사·사상-철학사·문학사·영향사 등의 측면에서의 일재 이항의 업적들이 논의되었으며, 제2회 학술대회에서는 일재의 사상·학문·이론 등을 최근의 새로운 시각과 관점에서 논의하였으며, 그 결과물들을 각각 한 권의 책으로 출판한 바 있다.[2]

---

[1] 제1회 일재 이항 학술대회는 2012년 4월에 개최되었으며, 제2회 일재 이항 학술대회는 2014년 5월 17일에 정읍시청 회의실에서 개최되었다.

이상의 두 번에 걸친 일재 이항 학술대회 및 결과물 출판에 이어, 이번에는 세 번째 전국 학술대회로서, "일재 이항과 그의 제자들의 구국의 업적"이란 주제 하에 모두 총 4개 분야의 총 6인의 학자들이 학술발표를 갖게 되었다. 그 4개 분야는 크게 일재 이항의 철학적 사제 계보와 그 특징, 일재 이항의 의병사적 사제 계보(김천일, 김제민, 김복억, 김후진, 김대립)와 그 특징, 일재 이항의 교육적 사제 계보와 그 특징, 그리고 일재 이항의 문학적 사제 계보와 그 특징 등이며, 이번의 이러한 학술 발표들을 통해서, 이제 일재 이항 선생의 업적뿐만이 아니라, 그의 사제 관계 및 제자들의 훌륭한 업적들까지 구체적으로 밝혀지게 될 것이다.

　본고에서는 이러한 사제 관계 및 제자들의 업적들 중에서, 문학분야 쪽에서의 사제관계와 제자들의 업적들을 추적 논의해 보고자 한다. 이를 위해, 본고에서 주로 활용하는 자료는 『일재집 一齋集』 및 『국역 일재 선생 문집』(권오영 역, 일재 선생 문집 국역 추진위원회, 2002) 등이다.

　그동안, 일재의 문학에 관한 연구로는, 유종국(2012)・박순철(2012) 등의 연구가 있었다.[3] 유종국(2012)은 일재 시문학의 특징으로서, 학문탐구・도의실천・강호한정・안빈낙도 등의 주제,

---

2　황의동・김익두 외, 『호남의 큰 학자 일재 이항 연구』, 도서출판 돈사서, 2012.
　　김익두 외, 『일재 이항의 사상・학문・이론에 관한 새로운 시각들』, 문예원, 2014.
3　유종국, 「일재 이항의 시문학 연구」, 『호남의 큰 학자 일재 이학 연구』, 돈사서, 2014, 197~227쪽.
　　박순철, 「일재의 시와 호남문학」, 『호남의 큰 학자 일재 이항 연구』, 돈사서, 2014, 231~257쪽.

시 형식 면에서의 5언율시의 장점 등을 지적하였으며,[4] 박순철(2012)은 일재 시문학이 보여주는 문이재도文以載道의 도학시의 특징을 지적하였고, 김익두(2014)는 호남문학사에 끼친 일재의 위상과 의의를 지적하였다.[5] 유종국(2012)·박순철(2012) 두 논문은 모두 일재의 시가문학만을 논의하였고, 일재의 다른 문학 장르들 곧 서書 잠箴 명銘 잡저雜著 등의 문학 작품들은 다루지 않았다. 본고에서는, 이러한 점에 착안하여, 그가 남긴 모든 문학 양식들과 문학 작품들을 모두 다루어보고자 한다.

2. 일재 이항의 문학과 그 특징

일재가 남긴 문학 작품은 한시 29수 시조 1수, 서/편지 17편, 잠 1편, 명 1편, 잡저 3편 등 총 52편의 작품을 남기고 있다.

그동안의 논의에서는, 이 중에 한시 및 시조 작품들에 관해서만 논의를 해 왔으나, 본고에서는 일재가 남긴 47편의 모든 작품들에 관해서 논의해 보고자 한다. 이는 기존의 논의들에서 다루지 않은 작품들을 다루어봄으로써, 일재문학에 관한 새로운 논의의 지평을 열어보고자 하기 때문이다. 그리고 일재의 문학 작품들을 다루는 관점은 일재가 철학자·사상가인 만큼, 그의 문학이 추구한 '사상문학' 곧 재도문학載道文學으로서의 특징에

---

4 유종국, 앞의 논문.
5 김익두, 「호남문학 사상사에 있어서의 일재 이항의 위상과 의의」, 『일재 이항의 사상·학문·이론에 관한 새로운 시각들』, 문예원, 2014, 13~56쪽.

초점을 맞추고자 한다.

이런 관점에서, 그의 47편의 작품들의 중심 주제들을 각 작품별로 분석하여 제시하면 다음과 같은 도표를 도출해낼 수 있다.

(1) 한시漢詩

① 규암 송인수에게 줌: 도의 진수 추구
② 백수재 광홍에게 줌: 학문득도 추구
③ 영천 신잠이 회암집을 보내온 것에 대해 사례함: 이치 터득
④ 한가하게 지내며 글공부함: 청허현묘의 이치 터득
⑤ 시축에 제함: 득도 추구
⑥ 우연히 읊음: 은거 수도
⑦ 기름진 밭: 안반낙도
⑧ 신영천이 고향으로 돌아감을 송별함: 도의 추구
⑨ 노자웅 진을 이별하며 줌: 별리의 정
⑩ 담재 후지 인후에게 줌: 마음을 닦음
⑪ 부차운: 수도
⑫ 김후지에게 부침: 양덕 수도
⑬ 부차운: 은일 수도
⑭ 용천사에 놀며 노자웅에게 올림: 도의 인품 찬양
⑮ 부차운: 도의 인품 찬양
⑯ 장난삼아 추만 정정이 지운에게 줌: 도의 인품 찬양
⑰ 한수재 윤명에게 줌: 진리 터득 본성 회귀
⑱ 김군 영정에게 보임: 경학敬學
⑲ 서군 구연에게 부침: 득도 추구

⑳ 이요정운에 차운함: 실증학문 궁구

㉑ 허태휘 엽에게 부침: 본인의 학문적 천명 자각

㉒ 김사중 천일의 극념당에 제함: 수도의 인품 찬양(기연불연의 이치 토로)

㉓ 불우당운에 차운함: 사물의 기미幾微/은밀한이치 탐구

㉔ 김후지를 애도함: 사물의 기미幾微 탐구

㉕ 방사계 응현의 정사에 대한 노과회 수신운에 차운함: 경학敬學

㉖ 김상사 역회의 봉선당운에 차운함: 물아일체

㉗ 조사응을 이별하며 줌: 별리의 정

㉘ 변중간 사정의 도탄정사에 제함: 탈속 득도 예찬

㉙ 제함: 고절 지조 찬양

(2) 시조
① 태산이 높다 하되: 수도

(3) 서書/편지
① 김후지 인후에게 답함: 학문의 방법으로서의 경근敬謹

② 김후지에게 답함: 태극/음양 일물설

③ 부 원서: 태극/음양 일물설

④ 노자응 진에게 답함: 이기/음양 일물설(음양조화로 사람 탄생)

⑤ 기명언 대승에게 줌: 이기 일물설相離則無物, 학문방법론으로서의 거경궁리居敬窮理

⑥ 기명언에게 답함: 이기 일물설

⑦ 노과회 수신에게 줌: 성리학의 근원은 인심도심설人心道心說

⑧ 노과회에게 줌: 인심도심설(동학의 인내천人乃天과 상통)

⑨ 노과회에게 줌: 인심도심설人心道心說

⑩ 허태휘 엽에게 답함: 이기일물설理氣一物說

⑪ 허태휘에게 답함: 인심도심설(천인합일→인내천과 상통)

⑫ 허태휘에게 답함: 이기일물설

⑬ 남시보 언경에게 답함: 이기일물설

⑭ 남장보 언기에게 답함: 경학

⑮ 남장보에게 답함: 학문의 방법으로서의 거경궁리

⑯ 백대유 광홍에게 답함: 학문의 방법으로서의 거경궁경居敬窮經

⑰ 한사형 윤명에게 답함: 학문의 방법으로서의 거경궁경居敬窮經

(4) 잠箴

① 자강재잠自强齋箴 박군 세림에게 줌: 학문의 방법으로서의 거경궁경居敬窮經

(5) 명銘

① 경근재명敬謹齋銘 유군 몽학에게 줌: 학문의 방법으로서의 경근명성敬謹明誠

(6) 잡저雜著

① 이기설: 이기일체설理氣一體說/이기일물설理氣一物說

② 제생에게 보임: 권학勸學(사서 공부 중시)

③ 우연히 씀: 학문의 길에의 자강불식自彊不息

이상에서 분석 종합해본 바와 같이, 일재 이항이 남긴 작품들의 특징을 정리해 보면 다음과 같다.

첫째, 일재 이항은 한시 29수 시조 1수, 서/편지 17편, 잠 1편, 명 1편, 잡저 3편 등 총 52편의 작품을 남기고 있다.

둘째, 인간의 본질을 인심도심人心道心/인심천심人心天心 으로 보고 있다(인심천심설人心天心說).

셋째, 학문의 방법으로서는, 거경궁리居敬窮理/거경궁경居敬窮經을 주장하고 있다.

넷째, 철학적-사상적 주제 혹은 인식론적 주제로서는, 이기일물설理氣一物說/이기일체설理氣一體說을 주장하고 있다.

다섯째, 본인이 부여받은 학문적 천명으로서, 실증주의/경험주의/현상학적 태도(사물의 기미幾微/은밀한이치 탐구-'이요정운에 차운함' 등)를 인식하고 있다.

여섯째, 인간의 인품으로서, 도의道義 인품人品을 추구·찬양하고 있다.

일곱째, 결론적으로, 일재 이항의 문학작품들은 '사상문학' 곧 재도문학載道文學으로서의 특징을 강력하게 발현하고 있다.

여덟째, 일재 이항의 이러한 문학작품은 '플라톤적 명목론/본질론'을 지양하고, '아리스토텔레스적 실질론'을 지양·주장함으로써, 호남문학의 사상적-철학적 지평을 심화-확장하는 데 획기적으로 기여하였다. 이것은 마치 서양에서 플라톤이 그의 『이상국가』에서 명목론/본질론에 서서 '시인 추방론'을 내세운 데 대하여, 아리스토텔레스가 그의 『시학』에서 '시인 옹호론'을 주장하여 시인/예술가를 구원한 것과 비슷한 역할을 한국문학사에서 수행한 의의가 있다고 볼 수 있다.

아홉째, 일재 이항의 이러한 업적은 이후 호남 문학예술이 전국의 문학예술을 주도하게 된 중요한 원인이 되었다고 본다.

열째, 일재 이항의 이러한 업적은, 이후 우리나라 근현대의 지평을 열게 되는 동학사상 곧 동학의 '인내천人乃天' 사상과 실천에 영향을 주어, 정읍에서 갑오동학농민혁명이 발발하는 중요한 사상사적 연원을 마련하고, 또한 정읍에서 증산 강일순이 해원解寃·상생相生·대동大同의 새로운 현대사상을 개척한 중요한 중간적 연원이 되었다고 볼 수 있다.[6]

3. 『일재집―齋集』에 나타난 일재의 스승·교우·제자 관계

일재의 문학 쪽에서의 제자들을 살펴보기 위해서는, 먼저 일재가 맺고 있는 스승관계·교우관계·사제관계를 먼저 간략히 살펴볼 필요가 있다. 왜냐하면, 문학 쪽에서의 사제관계도 그러한 여러 관계 속에서 형성되기 때문이다.

1) 스승관계

일재의 스승관계를 살비고자 할 때 가장 중요한 자료는 다음과

---

6 그러나, 이러한 문제는 아직 본격적으로 탐구·논의된 적이 없다. 앞으로 이에 관한 좀 더 본격적인 논의들을 기대한다.

같은 중요한 자료는 다음과 같은 『일재선생 문집』의 언급이다.

> 초당草堂 허엽이 선생을 제하는 글에서 "처음엔 김로金老를 따랐고, 또 송당松堂을 찾아갔네. 정숙鼎叔과 정원正源이여, 숙옥과 경열景說과는 서로 더불어 강습하여 대업을 이미 이루었네."라고 하였다. 그 주석에, 김로는 김식金湜, 송당은 동지중추부사 박영朴英, 정숙은 유생 윤정尹鼎, 정원은 참봉 나식羅湜, 숙옥은 종실 종성령이고, 경열은 우의정 민기閔箕이다라고 했다.[7]

이 자료를 통해서 볼 때, 일재는 김식·박영·윤정·나식 등을 스승으로 모시고 배웠음을 알 수 있다.

처음에는 사서沙西 김식金湜(1482~1520)을 그의 스승으로 모셨음을 알 수 있다. 김식은 조선 전기의 학자·문신으로서 조광조 등과 함께 도학소장파를 이루어 왕도정치의 실현을 위해 미신타파·향약실시·정국공신 위훈 삭제 등을 주장하면서 개혁정치를 편 인물이다. 기묘사화에 연루되어 39세를 일기로 거창에서 자결하였다. 김식의 영향을 통해서 그는 개혁정치의 노선에 서 있음을 알 수 있다. 특히, 이 개혁정치 노선에서 주목을 끄는 것은 '향약실시'의 주장이다. 일재가 나중에 낙향하여 평생을 산 정읍 칠보는 바로 그보다 100년 앞서서 불우헌 정극인이 살면서 향약을 실시한 곳이다. 일재가 정읍 칠보/태인 쪽으로 낙향하게 된 원인 중에, 이러한 데에도 그 원인이 있을 것도 같다.

---

7 이항 지음·권오영 옮김, 『일재선생문집』, 정읍: 일재선생문집국역추진위원회, 2002, 83쪽.

송당 박영(1471~1540)은 어려서부터 의협심이 강하고 무예가 출중하여 일찍이 무관으로 등과하여 의주목사·동부승지 등을 거치면서 벼슬길을 걸었지만, 항상 학문에 몰두하여,『대학』의 '격물치지格物致知'를 중시하는 성리학 공부에 열중하였다. 박영의 무관적 의협심과 그의 '격물치지'의 학문적 태도는 일재의 일생에 매우 중요한 영향을 미친 것으로 보인다. 박영은 의술에도 능하여『경험방』·『활인신방』등의 의서도 남겨놓고 있는데, 이런 박영의 폭넓은 지식은 일재에게도 영향을 미쳤을 것으로 보인다. 일재는 야천冶川 박소朴紹(1493~1534)와 박영의 문하에서 동문수학 하였다.

윤정尹鼎(1490~1536)은 조선 전기의 학자로서, 벼슬을 하지 않고 평생『주역』공부에만 몰두했는데, 일재는 훗날 영의정이 된 민기閔箕와 허균의 형 허엽許曄과 함께 윤정의 문하에서 동문수학을 하였다.[8] 일재가 나중에 주역을 깊이 궁구하게 된 것은 이 윤정의 영향으로 보인다.

장음정長吟亭 나식羅湜(1498~1546)은 조선 중기의 학자로, 을사사화에 연루되어 강계에서 49세를 일기로 사사賜死되었다. 나식은 일재와 나이로는 한 살 위였지만, 학문적으로는 선배였던 것 같다.

이러한 스승관계에서 우리는 다음과 같은 몇 가지 중요한 사실을 파악할 수 있다.

첫째, 일재는 조선전기 조광조 계열의 도학 개혁정치 노선에 선 인물이다.

---

[8] 한국학중앙연구원,『한국역대인물정보종합시스템』.

둘째, '격물치지'의 실증적 학문탐구 방법을 스승을 통해 배웠다.

셋째, 불의를 참지 못하는 무관적/실천적 의협심을 허엽 등과 함께 스승에게서 배웠다.

넷째, 성리학뿐만 아니라, 역서·의서·병서 등 다양한 지식들을 접하게 되었다.

2) 교우관계

일재 교우관계는 그가 호남지방 칠보/태인으로 이거하기 이전/전기의 교유관계와 이거한 이후/후기의 교우관계로 나누어 살펴볼 수 있다.

전기에 일재가 맺은 교우관계 중에서는 민기·허엽·박소 등이 중요한 인물이다.

호학재好學齋 민기閔箕(1504~1568)는 대사성·영의정 등을 지내고 『중종실록』의 편찬에 참여한 당대의 대문장가였고, 홍문관저작·한성부판윤·이조판서·우의정 등을 지낸 고관대작이다. 조광조와 교우관계에 있었던 김안국의 문인이다. 역시 전기 개혁 사림과 계통의 인물이다.

초당草堂 허엽許曄(1517~1580)은 허균·허난설헌의 부친이자 당대의 문장가였다. 그는 기일원론자氣一元論者인 화담 서경덕(1489~1546)에게서도 배웠다. 일재는 민기·허엽과 함께 앞서 언급한 『주역』의 명사인 윤정에게 동문수학 하였다. 허엽과의 학문적인 교류는 일재의 문집에서 실제로 확인된다.[9]

야천冶川 박소朴紹(1493~1534)는 일재와 함께 박영의 문하생이기도 하며, 초기 개혁 사림파로서 조광조 등의 신진사류들과 함께 새로운 왕도정치의 구현에 노력한 사람이다. 1529년 평안도 암행어사 등을 역임하였으나, 1530년 파직당하고 고향인 합천에 내려가 학문에 전념하였다.

이상에서 살펴본 바를 종합해 보자면, 일재의 전기 교우관계에서 가장 분명하게 드러나는 특징은, 그가 조선 전기 조광조 계열의 개혁 사림파에 속하는 학문적-정치적 계보를 분명하게 확보해 가지고 있다는 점이다.

후기의 교우관계에서는 김정·이황·김인후·기대승·노수신·송인수·신잠·노진·김약회·조식 등이 교유관계에 있는 중요한 인물들이다.

충암冲菴 김정金淨(1486~1521)은 충북 보은 사람으로, 조선 중기의 문신·학자로서 조광조(1482~1519)와 함께 사림파의 대표적 존재로, 사림파의 정치적 성장과 함께 이조정랑·대사헌·형조판서 등을 지냈고, 순창군수를 역임하기도 했으나, 나중에 기묘사화·신사무옥 등을 거치면서 36세를 일기로 사사된 불우한 학자였다. 문집으로 『충암집』이 있다.

퇴계退溪 이황李滉(1501~1570)은 일재와 많은 학문적 의견을 교류한 영남 제일의 성리학자로서, 나중에 일재의 학설을 자기의 「태극도설」에 수용하기도 했다. 퇴계를 통해서, 일재는 자기의

---

9 이항 지음·권오영 옮김, 앞의 책, 49~55쪽.

사상적-철학적 영향력을 영남 성리학계에도 분명하게 미치게 되었다.

하서河西 김인후金麟厚(1510~1560)는 전남 장성 출신으로 김굉필의 문인인 김안국(1478~1543)의 문인이다. 김안국은 조광조와 함께 김굉필의 문인이다. 김안국이 벼슬에서 물러나 고향인 경기도 이천에 은거할 때 그에게 가서 『소학』을 배웠다. 일재와 학문적 교류가 활발했을 뿐만 아니라 일재의 딸과 하서의 아들을 결혼시켜 둘 사이에 사돈관계가 이루어지기도 한 사이였다. 일재의 문집에는 하서와 주고받은 서/편지가 다른 사람들에 비해 가장 많은 점으로 미루어 보아도, 둘 사이의 긴밀한 관계를 짐작할 수 있다. 하서를 통해서, 일재의 학문적-사상적 영향이 호남학계 및 호남문단에 지대한 영향을 미친 것으로 보인다.

미암眉巖 유희춘柳希春(1513~1577)은 해남 출신으로 하서 김인후와 사돈 간이고, 따라서 일재 이항과도 사돈 간이 된다. 그의 부인은 유명한 여류문인 송덕봉이다. 별시 문과에 급제하여 수찬·정언·대사성·부제학·전라도관찰사·이조참판 등을 지냈으며, 선조가 왕위에 오르기 전에 그에게서 배웠다. 경서 언해·주해를 많이 하였고, 성리학에 밝아 이항·김인후 등과 함께 호남지방의 학풍 조성에 크게 기여하였다. 1568~1577년에 걸친 자신의 여러 경력을 기록한 『미암일기眉巖日記』는 귀중한 자료로 평가된다. 이외에도 『속몽구續夢求』·『역대요록歷代要錄』·『속휘변續諱辨』·『천해록川海錄』등 수많은 저서들이 있다.

고봉高峯 기대승奇大升(1527~1572)은 전남 나주 출신으로, 일재의 수제자인 건재 김천일과 동향이다. 일재보다 28년 연하였으나 학문적 견해를 주고받은 글이 문집에 남아 있는 것으로 보아, 학문적인 면에서 서로 교유한 것을 알 수 있다. 일재보다 먼저 죽었다. 고봉이 이황의 제자인 것으로 알려져 있으나, 일재와 주고받은 글을 보면 일재와도 매우 깊은 학문적 유대관계를 가지고 있었음을 알 수가 있다.[10] 성균관 대사성·대사간·공조참의 등을 역임했다. 병으로 벼슬을 버리고 귀향하다가, 고부에서 객사하였다.

1558년 문과에 응시하기 위해, 서울로 가던 중 장성의 하서 김인후, 정읍 태인/칠보의 일재 이항 등과 만나 '태극설太極說'을 논하였고, 정지운鄭之雲의 『천명도설天命圖說』얻어 보게 되자 이황을 찾아가 의견을 나누었다. 그 뒤 이황과 12년에 걸쳐 서신을 교환하였고, 그 가운데 1559년에서 1566년까지 8년 동안에 이루어진 '사칠논변四七論辨'은 유학사상 지대한 영향을 끼친 논쟁으로 평가되고 있다.

그는 이황의 이기이원론理氣二元論에 반대하고 "사단칠정이 모두 다 정情이다."라고 하여 주정설主情說을 주장했으며, 이황의 이기호발설理氣互發說을 수정하여, 정발이동기감설情發理動氣感說을 강조하였다. 또한 이약기강설理弱氣强說을 주장하여 주기설主氣說을 제창함으로써 이황의 주리설主理說과 맞섰다.[11] 기대승의 이러한 논변의 근저에는 일재 이항의 사상과 논리가 깊이 작용하고 있다. 그의 제자로는, 정운룡鄭雲龍·고경명高敬命·최경회崔慶會 등

---

10 위의 책, 39~42쪽.
11 한국학중앙연구원, 『한국민족문화대백과』'기대승' 조.

이 있으며, 저서로는 『논사록』·『왕복서往復書』·『이기왕복서』·『주자문록朱子文錄』·『고봉집』 등이 있다.

소재蘇齋 노수신盧守愼(1515~1590)은 서울 출신으로, 선조 때에 벼슬이 영의정에까지 이른 명상이었으나, '양재역벽서사건' 등으로 전남 진도에서 19년 동안이나 유배생활을 했다. 이때, 그는 일재·하서·퇴계 등과 서신으로 교유하면서, 많은 학문적 발전을 도모하였다. 소재는 일재보다 16년이나 연하이나 일재와 주고받은 서신, 그리고 소재가 일재의 묘갈명을 쓴 것 등으로 미루어 보면, 서로 매우 긴밀한 교유관계를 형성하고 있었음을 짐작할 수 있다.[12]

김안국金安國과 이연경李延慶에게 인정을 받았으며, 이언적李彦迪·이황·김인후·기대승 등과 도학에 관하여 서신을 교환하였다. 「인심도심변人心道心辨」을 저술하고, 『대학장구大學章句』와 『동몽수지童蒙須知』를 주석하였으며, '사단칠정론四端七情論'에 관하여 기대승과 토론하였다. 선조 이후, 귀양에서 풀려나, 교리·대사간·부제학·대사헌·이조판서·대제학·우의정·좌의정·영의정이 되었다.[13]

규암圭菴 송인수宋麟壽(1499~1547)는 청주 사람으로, 초기 사림파 김굉필의 문인 김안국金安國의 지도를 받았다. 전라도관찰사 시절에 정읍의 일재 이항, 남평 현감 유희춘, 무장 현감 백인걸 등과 학문적인 교류를 호남 풍속의 교화와 학술 장려에 기여했다.

---

12 이항 지음·권오영 옮김, 앞의 책, 43~49쪽.
13 『네이버 고전문학사전』, '노수신' 조.

일재가 그에게 준 시 한편이 일재의 문집에 남아 있다.[14] 사간원 정언·사헌부지평·전라도관찰사·예조참의·대사헌 등을 역임하였다. 김안로를 탄핵하다가 1534년 제주목사로 좌천되었고, 윤원형을 탄핵하다가 1543년 전라관찰사로 좌천되었다. 1545년 을사사화 때에 고향 청주에서 사사되었다. 성리학에 밝았고, 저서로『규암집』이 있다.

영천자靈川子 신잠申潛(1491~1554)은 신숙주의 증손자로, 1519년 과거에 급제하였으나 기묘사화·신사무옥 등으로 오랫동안 유배 생활을 하였다. 그 후 20년 간 아차산 아래 은거하며 서화에만 몰두하다가, 태인현감·간성현감·상주목사 재임 중 상주에서 죽었다. 서화에 매우 뛰어났으며, 태인현감 시절에 특히 선정을 베풀어 수많은 사람들이 태인으로 이거해 왔다 한다.[15] 그가 태인현감을 하던 시절에 그곳에 살고 있던 일재와 상봉한 것으로 보인다. 일재의 문집에 신잠에게 사례하는 시가 1수 전한다.[16]

옥계玉溪 노진盧禛(1518~1578)은 경남 함양 출신으로, 충청도관찰사·전주부윤·부제학 등을 거쳐 대사헌·예조판서 등을 지낸 조선 중기의 문신·학자이다. 청백리·효자로 이름이 높았다. 평소에 이항·기대승·노수신·김인후 등의 학자들과 도의道義로 교유하였다. 남원의 창주서원滄州書院, 함양의 당주서원溏州書院에 제향되었으며, 저서로『옥계문집』이 있다. 일재의 문집

---

14 이항 지음·권오영 옮김, 앞의 책, 11~12쪽.
15 『국조인물고』'신잠' 조.
16 이항 지음·권오영 옮김, 앞의 책, 13~14쪽.

에, 옥계를 이별하며 주는 시 한 편과 성리학에 관한 답신 편지 한 통이 실려 있다.[17]

한정閒亭 김약회金若晦(1496~미상)는 태인 고현내에서 출생하여 진사가 되었으나, 을사사화를 당하자 고향으로 돌아와 학문과 후학 양성에 전념하면서, 일재 이항·하서 김인후 등과 교우하였다. 일재의 문집에 김약회의 시에 차운한 시가 한 수 실려 있다.[18]

남명南冥 조식曺植(1501~1572)은 일재와 어린 시절을 서울에서 함께 자란 교우 사이였다고 한다, 일재의 문집에 그와 관련된 일화가 전한다. 그 일화[19]로 보아, 일재와 남명의 관계는 일종의 학문적 라이벌 관계였던 것으로 보인다. 앞으로, 이에 관한 자세한 조사 연구도 필요하리라 본다.

3) 제자관계

일재의 문인 제자관계로는 김천일·김제민·변사정·백광홍·김복억·안의·손홍록·김후진·김대립·김승적·안창국·박세림·소산복 등이 중요한 제자들로 기록되어 있다.[20]

건재健齋 김천일金千鎰(1537~1593)은 전남 나주 출생으로 어려서 부모를 여의고 외조부모 슬하에서 자랐다. 18세 경에 친구의

---

17 앞의 책, 17쪽, 37~39쪽.
18 앞의 책, 29~30쪽.
19 앞의 책, 322쪽 및 『퇴계언행록』 참조.
20 앞의 책, 164~175쪽.

권유를 받아 정읍 태인의 일재 선생 문화에 들어와 본격적인 공부를 시작하였다. 일재의 수제자이다. 일재와 학문적 대화를 나눈 고봉 기대승과 동향인이고, 기대승보다 10살 아랫니다. 이후 그의 인품과 학식이 세상에 알려지자 그 학행으로 벼슬길에 발탁되어, 용안현감·강원도도사 등을 역임하였고, 임진왜란이 일어나자 고향 나주에서 의병을 창의하여 수많은 전공을 세우고 진주성 전투에서 10만 왜병과 싸우다 아들과 함께 촉석루에서 남강으로 투신하여 순국하였다. 문집으로 『건재집』이 전한다. 『건재집』은 부 2편, 시 2편, 소 3편, 서 6편, 조條 1편, 명 1편, 제문 3편, 격檄 1편, 부록 등으로 이루어져 있다. 『건재집』의 내용이 매우 소략한 이유는 전란으로 인해 그의 글들이 소실된 때문이다.

오봉鰲峰 김제민金齊閔(1527~1599)은 정읍 덕천 출신으로서, 일재의 제자로서 화순현감·순창군수·전라도사 등을 역임하였고 사퇴하였다. 임진왜란이 일어나자 창의하여 왜적과 싸웠으며, 왜란이 끝나자 향리에서 학문연구에 전심하였다. 특히, 사마천의 『사기』에 정통하였고, 많은 저서가 있었으나 전란으로 거의 타버렸다. 저서로는 『오봉집』이 있다. 『오봉집』에는 시 254수 (오언절구 20수, 칠언절구 103수, 오언사운 37수, 칠언사운 94수), 비명碑銘 3편, 기記 1편, 소疏 1편, 격檄 1편, 제문 3편, 백성을 편안하게 하고 외적을 방어하는 방도 등을 논한 「보방요무保邦要務」 등이 실려 있다. 특히 「보방요무保邦要務」는 그의 학문적-실천적 역량이 집대성된 것으로 임란 전후 시기의 주요 업적으로 알려지고 있다.

도탄桃灘 변사정邊士貞(1529~1596)은 남원 출신으로 보이며 학행으로 벼슬길에 천거되어 경기전참봉 등을 역임하였다. 임진왜란이 일어나자 남원에서 거병하여 많은 전공을 세웠다. 문집으로『도탄집』이 전한다. 운봉 용암서원에 제향되었다. 한 가지 흥미로운 것 중의 하나는 변사정 자신에 관한 이야기가 조선시대 조위한이라는 사람이 쓴 소설『최척전』에 나온다는 것이다. 이것은 그가 신화화 되어 문학적 허구 속의 인물로 까지 확대되고 있음을 알게 하는 흥미로운 사실이다. 최근 들어 그의 삶을 다룬 현대소설이 남원의 소설가 최정주에 의해 쓰여진 사실도 확인된다. 『도탄집』에 관한 구체적인 논의는 고를 달리하여 다루고자 한다.

기봉岐峰 백광홍白光弘(1522~1556) 전남 장흥 출신으로, 유명한 옥봉 백광훈(1537~1582)의 형이다. 일찍이 급제하여 벼슬길에 나아가 촉망되는 문신이었으나 요절하여, 일재가 크게 상심하였다. 일재 문하에서 공부할 무렵 태인현감으로 부임해 있던 영천자 신잠申潛과 교유하면서 학문과 철학을 논했고, 김인후·이이·기대승·임억령·정철·양응정梁應鼎·최경창崔慶昌 등과 같은 당대의 대문장가들과 도의로써 교유하였다.

그가 평안도평사 시절에 지은 「관서별곡」은 최초의 기행가사로 국문학사상 유명하다. 일재의 문집에는 그에게 준 시 한 편과 편지 한 통, 그리고 그가 일재의 시에 차운하여 지은 시 2편이 남아 있다.[21] 그의 문집『기봉집』이 전한다. 『기봉집』에

---

21 앞의 책, 13쪽, 58~59쪽, 237~238쪽, 427쪽 참조.

는 부賦 9편, 시 139수(오언절구 9수, 오언사운 18수, 오언고시 3수, 칠언절구 52수, 칠언사운 17수, 칠언고시 11수, 잡영 29수), 부록, 기타 등이 실려 있다.[22] 이에 관한 구체적인 분석·해석은 추후로 미룬다.

사우당四憂堂 김복억金福億(1524~1600)은 태인 고현내 지금의 칠보면 시산리에서 출생하여, 효행으로 천거되어 전주 경기전참봉慶基殿參奉 등을 지내다가 선조 6년(1573)에 사마시에 합격, 회덕현감·창평현령·김제군수·홍주목사 등을 역임하였다. 임진왜란이 일어나자 벼슬을 그만두었다. 그 후 재종제 김후진金後進 등과 함께 의병과 의곡義穀을 모아 진중으로 보냈다. 개국공신 김회련의 후손으로, 성재 김약묵이 그의 부친이다. 정철·기대승 등과 교유하였다. 남고서원에 배향되어 있다.

물재勿齋 안의安義(1529~1596)는 현 정읍시 옹동면에서 출생하여 일재의 문하에서 공부했는데, 임진왜란이 일어나자 의병활동을 돕고, 손홍록과 함께 경기전에 있던 태조의 어진과 『조선왕조실록』을 내장산 용굴로 옮겨 보존함으로써, 조선시대 최대 역사서가 전해지게 하였다. 그리고 『조선왕조실록』을 옮겨 보전하는 과정을 기록한 『임계기사』가 필사본으로 남아 전한다.

손홍록孫弘祿(미상~미상)은 일재의 문인으로 성종 때 예문관 부제학을 지내고 신숙주 등과 함께 『세조실록』·『예종실록』을 편찬하고, 서거정과 함께 『동국통감』을 편찬한 부안 출신 손비장의 종손이다. 임진왜란이 일어나자 경기전의 어진과 『조선왕조

---

22 백광홍 지음·정민 옮김, 도서출판 역락, '차례' 참조.

실록』을 내장산 용굴로 옮겨 보존하여, 우리나라 최대의 역사서를 보존하였다.

금강錦江 기효간奇孝諫(1530~1593)은 전남 담양 출신으로 일생 동안 벼슬에 나아가지 않고 학문에만 전념하였다. 이항·김인후의 문인이며, 기대승 문하에도 출입하였다. 호남의 은덕군자隱德君子로 불리었다. 동문인 김천일·정철·변이중邊以中 등과 교유하였으며, 그의 문하에서 오희길吳希吉 등의 학자가 배출되었다.

용암龍巖 김승적金承績(미상~미상)은 정읍 출신으로 본관은 언양이다. 김관의 후손으로, 일재가 서거하자 동생 김승서와 함께 3년 동안 일재의 시묘살이를 하였다. 효행으로 유명하다.

매담梅潭 안창국安昌國(미상~미상)은 남원 출신으로, 구례현감을 지낸 사제당思齊堂 안처순安處順의 손자이다. 재주와 행실로 천거되어 김천찰방을 지내었다. 덕망이 뛰어났으며, 김인후·정철·윤두수 등과 도의로 교제하였다.

오곡梧谷 안황安璜(미상~미상) 구례현감 사제당 안처순의 조카이며, 미암眉巖 유희춘柳希春과 교유하였다.

원모당遠慕堂 김후진金後進(1540~1620)은 태인 출신으로, 훈도 김약우金若愚의 아들이다. 효행·덕행이 두터웠으며, 임진왜란 때 의병활동에 참여했고, 경학과 역학에 밝았다 한다.

월봉月峯 김대립金大立(1550~미상)은 태인 고현내/칠보 출신으로 한정閒停 김약회金若晦의 손자이다. 임진왜란 때 창의하였다. 행실·의리로 천거되어 별제에 임명되었으나, 광해군 폐모 대에 벼슬을 버리고 미치광이 행세를 하며 지내었다. 세칭 '칠광七狂'

중의 한 사람이다.

매헌梅軒 소산복蘇山福(1566~1630)은 진사 벼슬에 나아갔으나, 임진왜란이 일어나자 창의사 건재 김천일을 좇아 종사관으로 의병 활동에 참여했다.[23] 그의 문집으로『매헌집』이 전하는데, 이 책는 시 60수, 서 16편, 제문 2편, 겨문 1편, 소 2편, 유계遺戒 1편 및 부록 등으로 구성되어 있다. 이 문집에는 특히 스승 일재 이항에게 올리는 시, 송상현·고경명·최경창 등에 보내는 시들과, 스승 이항에게 올리는 서書 6통, 김천일·고경명·조헌·송상현 등에게 보낸 서, 스승 일재 이항과 선배 건재 김천일의 제문 등이 눈에 뜨인다.

자강재自彊齋 박세림朴世琳(미상~미상) 명종 때인 1563년에 문과에 합격 벼슬이 예조참판에 이르렀다 한다.[24] 일재가 그를 아껴「자강재잠自彊齋箴」이란 잠箴을 지어주기도 하였다. 그에 관한 기록들이 거의 없어 자세한 내막을 알 수 없다.

노사蘆沙 기정진奇正鎭(1798~1879)은 전북 순창군 복흥면 출신으로, 일재의 직접 제자는 아니나, 그의 사상–학문에 영향을 받은 후대의 대학자이다. 1831년 사마시에 장원으로 급제하여 강릉참봉康陵參奉·사옹원주부·평안도도사·사헌부장령·공조참판 등에 임명되었으나 모두 사의를 표하거나 나아가지 않고, 학문과 제자 양성에만 열중하다 세상을 떠났다.

그의 철학사상은 우주의 구성에서부터 인간의 본질에 대한

---

23 소산복 지음·조수익 옮김,『매헌집梅軒集』, 국역 매헌집 발간위원회, 2010, 162쪽.
24 이항 지음·권오영 옮김, 앞의 책, 172쪽.

해명, 사단칠정과 인심도심人心道心 등 심성의 문제, 인물성동이人物性同異의 문제, 선악의 문제에 이르기까지 이일분수理一分殊라는 이체이용理體理用의 논리로 일관되어 있다. 그리하여 그는 우주현상을 이와 기로 설명하던 이기이원관理氣二元觀을 극복하고, 인간 심성 내지 도덕의 문제를 가치상 우위에 있는 이의 작용으로 해명하고자 했다. 또한 인물성동이의 문제 역시 이의 완전·불완전으로 설명하여 종래의 주리 또는 주기의 심성론과 인물성동이론을 종합하였다.

그는 저술은 많지 않지만 성리학사상 중요한 저술들을 남겼다. 『태극도설太極圖說』에 나오는 '정定'자에 대한 해설인 「정자설定字說」, 사단칠정四端七情을 논한 『우기우기偶記』(1845), 이기理氣 및 이이의 「이통기국설理通氣局說」에 대해 평론한 「이통설理通說」(1852), 그의 철학에서 핵심이 되는 「납량사의納涼私議」(1874)와 「외필猥筆」(1878) 등이 대표적인 저술이다. 그의 철학사상은 제자들과의 문답을 기록한 『답문유편答問類編』에도 잘 드러나 있다.[25]

노사 기정진의 철학-사상적 특징은, 앞서 일재의 영향을 받은 고봉 기대승이 "사단칠정은 모두 다 정情이다."라고 하면서, 주기론을 내세워 퇴계 이황의 주리론에 맞선 것과는 대조적으로, 오히려 고봉과 반대 방향에서 성리학의 지평을 열어보고자 노력한 점이 돋보인다.

어쨌든, 주기론이든 주리론이든, 기氣와 이理는 모두 그 자체로서는 가시적 실체로 존재할 수 없으며, 오직 하나의 물物/

---

25 한국학중앙연구원, 『한국민족문화대백과』 '기정진' 조.

사물로만 존재할 수 있다고 하는 일재 이항의 '이기일물설理氣 一物說'의 범주를 크게 벗어나지 못한 것이라는 가정을 해보게 한다.

요컨대, 노사 기정진은 일재 이항이 뿌려놓은 철학사상을, 플라톤식 본질론/명목론 계열인 주리론主理論 쪽으로 밀고나아가 체계화 하고자 한 학설로 보인다. 그러나, 이러한 기정진의 노력이 과연 일재 이항의 철학사상을 제대로 발전시킨 것인가 하는 것은, 후대의 좀 더 전문적인 논의와 평가가 있어야 할 것이다.

4. 일재와 그의 제자들의 문학적 계보와 특징

앞장에서 살펴본 바를 기본으로 하면서 호남문학의 역사적 계보를 다시 정리해 보면 다음과 같은 도표가 만들어진다. 이 도표는 물론 정확한 역사적 사실에 초점을 맞춘 것이라기보다는, 그 문학전통의 전체적 흐름을 포착하기 위해 만들어진 것이다. 이 도표는 물론 앞장에서 정리한 일재 이항의 스승·교유·제자 관계를 기초로 해서 만들어본 것이다.

이 도표를 중심으로 호남문학의 계보를 기술해 보면 다음과 같다.

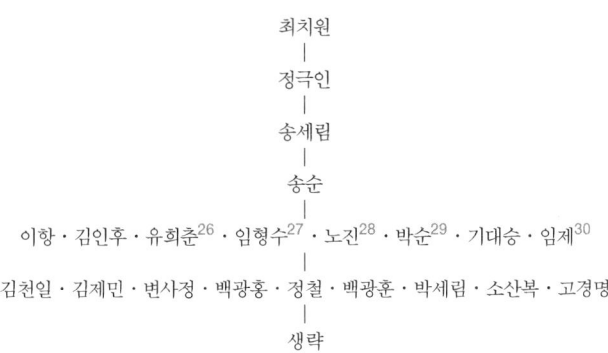

　먼저, 고운 최치원(857~미상)은 통일신라 말기에 태산[31] 태수로 부임하여, 이곳에 그가 종합해 가지고 있던 우리 민족의 토착사상인 '풍류도'를 전파해주었다. 이러한 사실은 그가 노닐던 정읍시 칠보면 시산리 '유상곡수'와 그 이후 불우헌 정극인의 최치원에 관한 글, 그리고 최치원의 무성서원 배향 등의 증거들이 방증하고 있다.

　다음으로, 불우헌 정극인(1401~1481)은 조선 초기 이곳 정읍 칠보 '고현내古縣內'에 살면서 향약을 펴고 마을 사람들을 교화하면서, 고운 최치원의 풍류 전통과 민족사상의 맥을 유학적인 지평에서 계승하고자 하였다. 그러한 증거는 그의 시 작품 특히 「상춘곡賞春穀」과 한시 「고운 최치원을 생각하며憶孤雲」 등이 이를

---

26 이상 3인은 모두 사돈 간이다. 김인후와 일재가 사돈 간이고, 김인후와 유희춘이 사돈 간이다.
27 전남 나주가 고향.
28 경남 함양 사람이다.
29 전남 나주가 고향.
30 전남 나주가 고향이다.
31 지금의 정읍시 태인·칠보 지역 일대.

방증해 준다.

눌암 송세림(1479~미상)은 불우헌 정극인보다 약 80년 후에 '고현내'에서 태어나 살면서 정극인이 처음 실시한 양약을 계승하고 향약 동규에 자기의 서문을 첨가한다. 이 송세림은 순창을 거쳐 담양의 면앙정 송순과 연결되어, 면앙정 송순이 눌암 송세림의 제자가 된다.[32]

면앙정 송순(1493~1582)의 계보는 좀 복잡해진다. 왜냐하면, 여기에 서울 출신 일재 이항이 정읍 태인으로 내려와 송순의 제자 하서 김인후와 사돈관계를 맺게 되기 때문이다.

이렇게 해서, 위의 계보 도식과 같은 도식이 만들어지게 되는데, 실제로 면앙정 송순과 일재 이항이 사제 간인 것은 확인할 수 없으나, 송순의 제자 하서 김인후가 일재 이항과 사돈관계를 맺었기 때문에, 간접적으로 이들의 사제관계를 상정해본 것이다. 그러나 이러한 문제는 앞으로 좀 더 구체적으로 구명해볼 여지를 남겨놓고 있다.

여기서 또 한 가지 매우 중요한 사실은, 일재 이항, 하서 김인후, 미암 유희춘이 서로 사돈관계를 맺고 있다는 사실이다. 즉, 하서 김인후가 일재 이항 및 미암 유희춘과 사돈관계를 맺었다. 이러한 혈연관계는 이른바 최치원 이후 불우헌 정극인을 거쳐, 면앙정 송순으로 이어지고, 여기서 다시 이항·김인후·유희춘·임형수·박순·기대승·임제 등으로 이어지는 이른바 '호남가단'의 계보가 점차 분명하게 드러난다는 사실이다. 그런데

---

32 한국학중앙연구원, 『한국민족문화대백과사전』 '송순' 조.

그동안의 연구에서는, 이 '호남가단'의 계보에서 일재 이항을 제외시키고 있다는 점이다. 이러한 사실은 면앙정 송순의 제자인 송강 정철이, "호남에 만약 이일재가 없었다면 오랑캐 풍속이 되는 것을 면하기 어려웠을 것이다."[33]라고 한 언급에 비추어 볼 때, 시정되어야할 점이라 하겠다.

김인후·유희춘·임형수·기대승·임제 등은 곧 면앙정 송순의 제자들로 기록되어 있기 때문에, 일단 이에 따라 그 계보가 성립될 수 있을 것이다.[34]

이상의 논의를 토대로 하여, 우리는 일재 이항이 포함된 호남문학의 문학적 계보상의 특징을 다음과 같이 정리해 볼 수 있을 것이다.

첫째, 그 발원지는 전북 남부지역(정읍·태인·칠보)이며, 여기서 출발하여 순창을 거쳐, 담양·광주·나주 등 전남 중남부지역으로 퍼져 나아가고 있다.

둘째, 지역적으로, 정읍·태인·칠보·남원·순창·담양·광주·나주 등, 주로 호남 남중부지역을 중심으로 그 문학적 계보가 이루어지고 있다.

셋째, 역사적으로, 최치원에서 시작되어, (불교문화가 지배한 고려시대를 복류하여,) 조선 초기의 불우헌 정극인을 거쳐, 조선 중기 1세대인 눌암 송세림을 거쳐, 2세대 면앙정 송순으로, 그리고 다시 3세대인 이항·김인후·유희춘·임형수·노진·박순·기대

---

33 위의 책, 376쪽. 정철(1536~1593).
34 위의 책, 같은 조.

승·임제에 이르고, 다시 4세대인 김천일·김제민·변사정·백광홍·정철·백광훈·박세림·소산복·고경명 등에 이르고 있음을 알 수 있다.

넷째, 사상적으로, 부족국가 마한시대의 소도蘇塗·천군天君관련 기록에 보이는 전통 토착 세습무 무교사상을 가장 오래된 토대로 하고, 전통 사상들을 통합-융합한 남북국시대의 풍월도風月道 사상, 이를 계승한 조선초기 풍류사상, 여기에 성리학의 탐구로부터 얻어진 조선중기의 이기일물설理氣一物說 성리학 사상(기대승의 주기설, 기정진의 주리설 포함) 등으로 이어지며, 이 사상적 맥락과 전통은 다시 근현대에 이르러, 인내천人乃天의 동학사상, 해원·상생·대동의 증산사상甑山思想 등으로 면면히 이어져 왔다.

다섯째, 유파적으로, 이 문학적 계보는 조선 중기에 이른바 '호남가단'을 형성하여, 다른 지역의 경정산가단敬亭山歌壇·노가재가단老稼齋歌壇 등의 선구를 이루었다. 이 가단은 사대부 출신의 문인 가객을 중심으로 하는 문학적 계보를 분명하게 형성하여, 전문 가객 중심의 영남가단의 선구가 되고, 문학적인 지평을 제고해 나아갔다.

5. 일재가 미친 호남문학에의 영향과 그 역사적 의의

일재 이항이 호남문학에 미친 영향 중에 가장 중요한 것은, 고운 최치원 이래, 불우헌 정극인에까지 이어진 이른바 '풍류문학'에 성리학적 사상의 깊이를 더해주었다는 점일 것이다.

그것도, 영남문학의 주리파적 주류가 가져다준 이념론/본질론적 경향 곧 플라톤주의적 경향에 반하여, 호남문학의 이기일물설理氣一物說이 가져온 실체론/체험론적 경향 곧 아리스토텔레스적 경향과 지평은, 문학의 생경한 이념적-도덕주의 혹은 교훈주의적 경향을 극복하고, 자유롭고 개방적이고 풍요로운 경험의 지평들을 포용하는 문화예술의 비평을 열어 나아가게 하였다.

그 구체적인 사례를 우리는 불우헌 정극인의 「상춘곡」, 면앙정 송순의 「면앙정가」, 그리고 일재 이항의 「한가하게 지내며 글공부 함閑居書事」, 기봉 백광홍의 「관서별곡」 및 송강 정철의 「관동별곡」의 비교를 통해서 밝혀볼 수 있다. 여기서 살펴볼 자료들은 모두 '자연'을 노래한 부분들이라는 공통점이 있는 부분들을 골라 보았다.

먼저, 불우헌 정극인의 「상춘곡」의 한 대목을 보자.

엊그제 겨울 지나 새봄이 도라오니 桃花杏花는 夕陽裏예 퓌여 잇고 綠楊芳草는 細雨中에 프르도다 칼로 물아낸가 붓으로 그려낸가 造化神功이 物物마다 헌수룹다 수풀에 우는 새는 春氣를 못내 계워 소릭마다 嬌態로다 物我一體어니 興이이 다를소냐 柴扉예 거러보고 亭子애 안자보니 逍遙吟詠ᄒ야 山日이 寂寞ᄒ듸 閑中眞味를 알니 업시 호재로다[35]

---

35 정극인 지음·김익두/허정주 옮김,『국역 불우헌집不憂軒集』, 문예원, 1969, 236~238쪽.

이 시에서 주목되는 핵심어는 '물아일체'라는 말이다. 즉, 이 시는 인간과 자연 혹은 삼라만상이 조화로운 하나의 세계로 융합된 경지를 노래하고 있다. 그 외에 다른 어떤 사상적 - 철학적 사유가 개입되어 있지 않다.

다음으로는, 면앙정 송순의 「면앙정가」 한 대목을 보자.

> 无等山 흔활기픠히 동다히로 버더이셔 멀니 쩨쳐와 霽月峯의 되어거늘 無邊 大野의 므슴 짐쟉ᄒ노라 일곱구비 홈머움쳐 므득므득 버러ᄂᆞᆺ듯 가온대 구비ᄂᆞᆫ 굼긔든 늘근뇽이 선줌을 ᄀᆞᆺ씨야 머리ᄅᆞᆯ 안쳐시니 너ᄅᆞ바희 우히 松竹을 헤혀고 亭子ᄅᆞᆯ 안쳐시니 구름탄 쳥학이 千里를 가리라
>
> 두나릐 버렷ᄂᆞᆫ듯 玉泉山 龍泉山 ᄂᆞ린 믈희 亭子압 너븐들히 兀兀히 펴진드시 넙ᄶᅥ든 기노라 프로기든 희지마니 雙龍이 뒤트ᄂᆞᆫ듯 긴깁을 ᄎᆡ펏ᄂᆞᆫ듯 어드러로 가노라 므슴일 빙얏바 닷ᄂᆞᆫ듯 ᄯᅳ르ᄂᆞᆫ듯 밤낫즈로 흐르ᄂᆞᆫ듯 므조친 沙汀은 눈ᄀᆞᆺ치 펴졋거든 어즈러온 기러기ᄂᆞᆫ 므스거슬 어르노라 안즈락 ᄂᆞ리락 므드락 훗트락 蘆花을 ᄉᆞ이 두고 우러곰 좃니ᄂᆞ뇨.[36]

이 작품은 불우헌 정극인의 「상춘곡」이 쓰여진 지 90여 년이 지난 시기에 쓰여진 것이다. 그 문장의 흐름과 어조는 「상춘곡」보다 좀더 역동적이고 활성화 되어 있긴 하지만, 자연의 대상을 바라보는 시선상의 어떤 각별한 변화는 일어나지 않고 있다.

---

36 담양 가사문학관 홈페이지, 『국가지식DB 한국가사문학』 '면앙정가' 항목.

그러면, 다음으로, 일재 이항의 시 「한가하게 지내며 글공부 閑居書事」을 보자.

> 용의 어금니는 처음 생겨나
> 어두운 굴에 숨어 있고
> 사슴뿔은 조금씩 자라나
> 산의 고요함에 섞이었네
> 모름지기 청허淸虛를 지향하니
> 티끌이 끊어진 곳이요
> 앉아서 현묘玄妙를 궁구하니
> 오히려 역력한 듯하구나[37]

이 시를 보면, 우선 "용의 어금니는 처음 생겨나 / 어두운 굴에 숨어 있고 / 사슴뿔은 조금씩 자라나 / 산의 고요함에 섞이었네"라는 부분은 정극인의 「상춘곡」이 표현하고 있는 '물아일체'의 경지 곧 자연 삼라만상이 조화롭게 융합된 경지를 표현하고 있다는 점에서 같다. 그런데, 문제는 그 뒷부분 "모름지기 청허淸虛를 지향하니 / 티끌이 끊어진 곳이요 / 앉아서 현묘玄妙를 궁구하니 / 오히려 역력한 듯하구나"라는 부분이다. 이 부분에 오면, 정극인의 정서 세계와는 다른 정서적 특징이 나타나고 있다. 그것은 '청허'·'현묘' 등이 표상하는 '어떤 이념적 지평'이다. 이것은, '물아일체'의 경지가 아니라, 자연 속에서 인간의 이념

---

[37] 이항 지음·권오영 옮김, 앞의 책, 14쪽

곧 '청허·현묘'의 인간적 이념성을 보고 있는 것이다. 즉, 여기서는 이미 '물아일체'의 경지에서 한 걸음 더 나아가, '물아분리'의 이념적 지평을 발견·구현하고 있음을 볼 수 있다.

이것은 정극인 시의 정서와는 달리 어떤 사상적-이념적 지향성 혹은 인식론적 지향성을 강하게 띠고 있다. 이 인식론적 특징은 도교적 혹은 풍월도적 느낌을 주기도 하는데, 이러한 그의 시적 지향성은 어디에 연원하는지 밝혀진 바는 없다.

어쨌든, 이러한 그의 시적 지향성과 정서 표현의 특징은 그의 시로 하여금 기존의 '호남가단'의 시가 전통 속에다가, 어떤 이념적-사상적 깊이와 폭을 더해줌으로써, 이후 호남가단의 시 전통이 이념적-사상적으로 좀 더 수준 높은 지평으로 상승하는 데 크게 기여한 것으로 보인다. 우리는 여기서 송강 정철의 다음과 같은 말을 다시 한 번 상기할 필요가 있다고 본다.

> 호남에 만약 이일재가 없었다면 오랑캐 풍속이 되는 것을 면하기 어려웠을 것이다.[38]

이 말은 당대 최고의 문인이 한 말이라는 점에서, 주목할 필요가 있다. 이 말은 겉으로 보면 풍속에 관한 말을 하는 것처럼 보이지만, 이것을 문학적-사상적 측면에서 보자면, 분명 중국 쪽에서 유입된 새로운 사상 곧 성리학 사상의 이념적 우수성을 지적한 것으로 볼 수 있다. 즉, 일재의 '성리학적 사상 지향성'

---

38 위의 책, 376쪽.

을 통해서 기존의 호남가단의 시가문학이 한층 더 드높은 이념성을 갖출 수 있게 되었음을 지적한 것으로 보인다. 이러한 일재의 문학적 영향력은 이후 송강 정철, 기봉 백광훈 등에로 전승되어 호남가단의 문학이 당대 최고의 경지를 이룩하는 성과에로 이어지게 되는 것이다.

다음은 문학 쪽에서 가장 탁월한 문명을 드날린 기봉 백관홍의 시 「관서별곡」의 자연을 노래한 부분을 보기로 하겠다.

> 백두산 닉린 물이 향로봉 감도라 천리를 빗기 흘러 대 압프로 지
> 닉가니 반회굴곡ᄒ야 노룡이 꼬리치고 해문으로 드난듯 형승도 ᄀ
> 이업다 풍경인달 안니보랴 작약선아와 선연옥빈이 운금단장하고 좌
> 우의 버려이셔 거문고 가야고 봉생룡관을 부ᄅ거니 니애거니 ᄒᄂᆫ
> 양은 주목왕 요대상의 서왕모 만나 백운곡 부ᄅ난 듯[39]

이 작품의 이 부분은, 앞의 일재의 「한가하게 지내며 글공부함」이란 시에서 한 걸음 더 나아가, 자연과 인간의 '물아일체'의 경지가 아닌, 자연과 인간이 조화롭게 어울린 '물아일체'의 경지를 나/화자가 거리를 두고 바라보면서, 객관적으로 그리고 있음을 알 수 있다. 이것은, 바로 이 작품에서는 화자가 '물아일체'의 단계에 머무르지 않고, 거기서 한 걸음 더 나아가 자연 속에서 인간적 이념성을 발견하는 단계에서도 한 걸음 더 나아가, 자연과 인간을 동시에 거리를 두고 바라보는 경지에까지 나아가

---

[39] 백광훈 지음·정민 옮김, 『국역 기봉집』, 도서출판 역락, 2004, 215~216쪽.

있다.

이런 면에서 볼 때, 이 작품은 단순한 기행가사가 아니라, 자연과 인간을 '기행가사'의 양식 속에서 거리를 두고 바라보기의 작품이라고 볼 수 있다. 이러한 자연과 인간의 객관화 방식은 그 이전의 작품에서는 별견하기 어려운 지평 곧 일재 이항이 호남가단에 개입한 이후부터 나타나는 새로운 이념적-사상적 지평이 아닐까 한다.

다음은 기봉과 같은 세대인 송강 정철의 작품 「관동별곡」의 자연을 노래한 부분을 보기로 하자.

營中등 無事ᄒ고 時節이 三月인 제 花川 시내길히 楓岳으로 버더잇다 힝장 다뗼고 石逕의 막대 디퍼 百川洞 겨태두고 萬瀑洞 드르가니 銀ᄀ튼 무지게 玉ᄀ튼 龍의 초리 섯돌며 뿜난 소리 十里에 ᄌ자시니 들을제ᄂ 우레러니 보니ᄂ 눈이로다 金剛臺 민우層의 仙鶴이 삿기치니 春風 玉笛聲의 첫잠을 ᄭ돗던디 縞衣玄裳이 半空의 소소ᄯ니 西湖 녯主人을 반겨서 넘노난닷 쇼향노 대향노 눈아래 구버보며 正양寺ᄉ 진歇헐臺딕 고텨올나 안준말이 廬山 眞面目이 여긔야다뵈ᄂ다 어화 造化翁 헌ᄉ토 헌ᄉ홀샤[40]

이 작품에 분명하게 나타나는 바와 같이, 송강 정철의 작품에 오면, 이제 자연과 인간의 '물아일체'의 경지에서는 훨씬 더 멀리 나아가, 자연 자체가 인간적 이념성에 의해 거의 '해체'·'재

---

40 담양 가사문학관 홈페이지, 『국가지식DB 한국가사문학』 '관동별곡' 항목.

구성'되고 있음을 보게 된다. 예컨대, "銀ᄀ튼 무지게 玉ᄀ튼 龍의 초리 섯돌며 뿜난 소리 十里에 ᄌ자시니 들을제는 우레러니 보니는 눈이로다"라는 부분을 보면, '무지개'라는 자연 현상이 인간에 의해 가공된 '은'이라는 인공물에 의해 비유됨으로써, 자연이 인간적 사유에 의해 과감하게 해체·재구성 되고 있으며, 자연물 '용의 초리'가 '옥'이라는 인공물에의 비유를 통해서 역시 인간적인 사유의 지평에서 과감하게 해체·재구성 되고 있음을 본다. 그리고 '춘풍'이라는 자연 현상도 '옥적성'이라는 인공물에 의해 비유됨으로써 인간적인 지평에서 다시 해체·재구성되고 있음을 보게 된다.

이처럼, 일재 이항의 사상적-철학적 영향력은 기존의 풍류도적인 '물아일체' 지향성의 호남문학에 사상적-철학적 사유의 깊이를 더해줌으로써, 기본의 호남문학에 훨씬 높은 단계의 사상적 깊이를 더해준 문학사적 의의를 확보하게 되었다고 생각된다.

6. 결어

이상에서, 필자는 일재 이항의 여러 다양한 면모들 중에서 문학적인 측면에서의 일재 이항이 우리에게 남겨준 의미와 의의와 가치를 생각해 보았다.

이를 위해 본고에서는 먼저 일재 이항이 남긴 문학작품들을 그 사상적인 측면에서 구체적으로 분석하여, 일재 이항 문학의 특성들을 파악한 다음, 그러한 그의 문학적 특성들을 낳게한 스승관계, 교우관계를 살펴보고, 그러한 스승관계·사제관계 속에서 그가 이룩한 문학적 특성이 어떻게 제자관계 속으로 전승되었는가를 파악하기 위해, 그의 주요 제자들의 업적들을 문학적 측면에서 살펴 보았다.

마지막으로, 일재 이항의 문학이 우리문학 특히 호남문학에 어떠한 중요한 영향력을 미쳤는가를 구체적으로 알아보기 위해, 일재 이항과 관련된 호남문학의 문학적 계보를 살펴보았다. 또한, 그 문학적 계보 상에서 일재 이항이 실제로 어떠한 영향력을 미쳤는가를 파악하기 위해, 일재 이항 이전의 대표적인 계보 문인인 불우헌 정극인·면앙정 송순의 자연을 다룬 작품들을 먼저 분석해 본 다음, 일재 이항의 작품, 그리고 그에게서 직접 배우거나 그의 학문적-사상적 영향력이 미치는 범위 안에 있었던 그의 제자 문인들 특히 당대 최고봉에 있었던 기봉 백광홍, 송강 정철의 자연 표현 작품들을 구체적으로 분석해 보았다.

그 결과, 우리는 일재 이항의 철학-사상 및 그것의 구체적 표현으로서의 그의 문학작품들은, 그의 제자 세대 문학가들의 작품 속에 새로운 사상적-철학적 사유의 깊이와 폭을 가져다 줌으로써, 우리나라 조선시대 문학 특히 호남문학의 사상성을 높은 지평으로 이끌어 올린 문학사적 의의를 확보하고 있음을 확인할 수 있었다.

본고에서는 일재 제자들의 문학작품들을 각 제자들별로 구체적으로 일일이 분석해보지 못한 한계를 가지고 있다. 이런 한계는 앞으로의 논의를 통해서 보완하고자 한다. 앞으로, 이런 방면의 논의가 좀 더 활발히 전개되어, 일재와 그를 둘러싼 우리

문학 특히 호남문학의 여러 다양한 면모들과 특성들이 더욱 더 드높이 밝혀지기를 기대해 본다. 본 논의는 이런 방면의 본격적인 논의들을 추동하는 그 단초라도 되기를 바란다.

참고문헌

참고문헌은 각주로 대신함.

임란기 오봉 김제민의 의병활동

하태규
전북대학교 교수

1. 머리말

일재 이항의 문인들 중에는 임진왜란이라는 국난을 당하여 창의 구국 활동을 하였던 인물들이 다수 존재한다.[1] 그 중에서도 김제민은 임란기 전라도 북부 고부 전주 권역을 중심으로 활동하였던 대표적인 의병장이다. 그는 임란 초기 김천일, 고경명과 더불어 3운장으로 알려진 인물로 임란 초기 삼례 창의로부터 장성남문 의병의 참여, 정유재란기 창의 활동 등 지속적인 의병

---

1 일재 이항(1499~1576)이 정읍에 낙향하여 후학을 양성한 시기는 중종 33년(1538) 태인의 분동에 은거하고 다음해에 칠보산에 일재를 짓고 생활하면서 시작하였고, 선조 9년(1576) 태인의 분동에서 세상을 떠났다. 일재의 문인으로는 김점, 유연, 송림, 송공필, 유승춘, 김제민, 기효간, 변사정, 신부, 김제일, 신개, 안황, 정언제, 오개, 유인, 조장운, 서극홍, 안창국, 류홍원, 조장희, 유영겸, 윤권, 유영근, 김현, 김승서, 김견룡, 윤근, 김극인 등이 알려져 있는데, 이 중 김천일, 기효간, 변사정, 김제민 등이 임란기 의병활동을 했던 대표적 인물이다.

활동을 전개하였다.

따라서 김제민의 개인에 대한 업적 뿐만 아니라 임진왜란기 호남지역의 의병활동의 실상을 밝히기 위해서는 임란기 김제민의 의병활동에 대하여 체계적인 연구가 필요하다고 생각된다. 그동안 김제민의 의병활동에 대하여는 임란기 호남지역 창의활동을 연구하는 과정에서 부분적으로 다루어진 바가 있으며,[2] 유종국 교수의 「김제민의 한시 연구-『오봉집』소재 한시를 대상으로-」와 김주백 선생의 「오봉 김제민 선생의 학문세계와 임란창의」라는 논문에서도 다루어진 바 있다.[3] 또한, 장성 남문의병에 대한 몇편의 연구에서도 관련내용이 비교적 자세히 다루어지기는 하였다.[4] 그러나 이러한 연구성과에도 불구하고, 김제민의 의병활동에 대한 전반적이고 체계적인 연구는 이루어지지 못

---

[2] 김제민의 의병활동에 대하여 부분적으로 다룬 논고로는 다음의 연구성과가 있다.
하태규, 「임란기에 있어서 全北人의 창의활동 -〈호남절의록〉의 분석을 중심으로-」, 『전라문화론총』 제3집, 전북대학교 전라문화연구소, 1989; 「임란에 있어서 웅치전의 위상에 대하여-호남방어와 관련하여-」, 『전라문화논총』 제4집, 1990; 「정유재란기 전라도 지방의 의병활동에 대하여-전라도 북부 지방의 의병활동을 중심으로-」, 『한일관계사연구』 제10집, 1999; 「임란기 호남지역 의병운동의 추이」, 『전북사학』 32, 전북사학회, 2008.

[3] 유종국, 「김제민의 한시 연구-『오봉집』소재 한시를 대상으로-」, 『전라문화논총』 5집, 1992, 65~92쪽.
김주백, 「오봉 김제민 선생의 학문세계와 임란창의」, 『교육사상연구』 4, 한국교육사상연구회, 1994, 7~48쪽.
최영준·김청환, 「임진왜란 절의정신의 표의에 대한 소고-의성김씨 퇴암(문학)공파의 순절과 창의를 중심으로-」, 『온지논총』 30, 온지학회, 2012, 235~265쪽.

[4] 장성 남문의병을 주제로 연구한 논고로는 다음의 연구성과가 있다.
조원래, 「장성남문창의에서 본 임란의병의 일형태」, 『논문집』 2, 순천대학교, 1983, 357~373쪽.
나종우, 「임란의병과 장성남문창의」, 『향토문화연구』 4, 원광대학교 향토문화연구소, 1987, 49~61쪽.
한문종, 「임진왜란 시기 장성 남문의병의 활동과 성격」, 『한일관계사연구』 45, 한일관계사학회, 2013, 71~104쪽.

하였다.

 김제민에 대한 연구성과가 부족한 이유는 무엇보다도 그의 활동내용을 전해주는 사료가 부족하다는 점이다. 김제민의 의병활동을 전해주는 자료는 『오봉집』, 『창의록』, 『호남절의록』등 후대에 만들어진 것이 대부분이며, 당시에 만들어진 1차 사료나 역사서에는 그의 행적이 거의 나타나지 않고 있다. 뿐만 아니라 전하는 내용 또한 소략할 뿐만 아니라, 그 중에는 잘못되거나 정확하지 못한 것들이 상당히 있어 그의 생애와 의병활동에 대한 체계적인 정리와 올바른 이해를 어렵게 하고 있다. 따라서 김제민의 의병활동을 올바로 파악하기 위해서는 세심한 사료 검토가 요구되고 있다.

 본고에서는 이러한 점을 염두에 두고, 김제민의 가계와 임란 이전의 행적을 살펴보고, 임란초기 삼례창의로부터 장성 남문창의에 이르기까지 김제민의 행적을 통하여 그 의병활동의 실상을 검토하여 보기로 한다.

2. 김제민의 가계와 임란 이전의 활동

1) 김제민의 가계

 김제민은 의성 김씨 문학공파의 후손으로 부친인 금호와 모친 부안김씨 사이에 태어난 5형제 중 장남이었다. 김제민의 선대 세계에 대하여는 이미 앞에서 언급한 유종국교수와 김주백의 논고에서 상세히 다루었으므로 언급할 필요는 느끼지 않는다. 다만 김제민의 가문이 고부에 정착하게 된 내력을 좀 더 살펴보고자 한다.

의성을 본관으로 하는 김제민의 선대는 고려시대에 상경 출사하여 개경에 거주하였던 것으로 보이며, 그의 5대조가 되는 김거익이 고려말에 정당문학을 지냈다. 고려가 망하고 조선이 건국되자, 김거익은 벼슬에서 물러나 부여에 내려와 절의를 지키며 은거하였다. 태조 이성계가 우의정으로 그를 불렀지만 그는 끝내 나아가지 않고 절의를 지키며 살다 세상을 떠났다고 한다. 김거익의 묘는 충청남도 부여군 부여읍에 위치하고 있는데, 충남 문화재자료 제112호로 지정되어 있다.

김거익은 김섭, 김도, 김담, 김미 등 4명의 아들을 두었는데, 그 아들들이 곧바로 조선 조정에 출사하여 관직에 올랐다. 이 중 김제민의 고조가 되는 김미는 직제학을 지냈는데, 벼슬에서 물러난 뒤 충청도 문의현으로 낙향한 것으로 보인다.[5] 김미의 묘는 문의의 무수동 있다고 한다. 이로 보면 김거익의 아들 중에서 김미가 충청도 문의현으로 잠시 낙향하였음을 알 수 있다. 그러나 그 자손들은 곧 다시 중앙으로 진출하여 벼슬을 하였던 것으로 보인다.[6] 김미는 김운추와 김운서 등 2명의 아들을 두었는데, 김제민의 증조부가 되는 김운추는 사마시에 합격한 뒤 홍문교리가 되었다. 김운추는 부현 부림 형제를 두었는데, 조부인

---

5 김주백은 앞의 논문에서 김미가 충청도 문의현으로 내려와 은거했다고 기록하고 있다.
6 『이재유고』 권21, 通德郎友琴堂金公行狀.

부현은 직장의 벼슬을 지낸 것으로 나타난다. 또한 김운추의 묘가 양주의 마장에 있고, 조부 김부현의 묘 또한 아차산에 있다고 한 것으로 보아, 김운추 대부터 다시 벼슬에 올라 한양 부근에서 살았던 것으로 보인다.[7]

그런데, 『창의록』에는 직제학을 지낸 고조 김미가 단종이 손위하자 부여로 은거하다가 죽음에 이르러 자손에게 경계하고 자신의 묘갈에 이정거사라고 쓰도록 하였다고 한다. 이것은 창의록의 찬자가 그 선조인 김거익에 관련된 사실을 김미의 사실로 잘못 인식한 것이 아닌가 한다. 또한 『부풍지』에는 김제민이 어릴 때 부여에서 외숙인 운강 김개를 따라 와서 부안의 옹정에 우거하였다고 기록되어 있는 데,[8] 여기에서도 김미가 부여에 살았다는 인식에서 비롯된 것으로 추측된다.

김제민의 가문이 고부에 거주하게 된 것은 그의 조부 김부현이 죽은 뒤 조모 경주최씨가 세 아들을 거느리고 남하하여 전라도 고부군 우덕곡면(현 도계리)에 터를 잡아 살기 시작하면서 부터였다고 한다. 계보에 의하면 김부현은 경주최씨 사이에서 영호 이 3명의 아들을 두었으며, 3명의 딸을 두었다. 큰아들 금영은 아들이 없이 딸만 둘이 있었고, 둘째 아들 호가 김제민의 부친이 되는데, 부인 부안김씨와의 사이에서 김제민, 김제안, 김제삼, 김제맹, 김제남 등 다섯 아들을 두었으며, 벼슬이 부호군에 올랐던 것으로 나타난다. 그리고 셋째 아들 이는 제인, 제현 등

---

7 『의성김씨세보』 권1, 의성김씨 문학공파세보 간행위원회, 1982.
8 『부풍승람』 권6, 김제민조.

두 아들을 두었다.

　김제민의 조모가 고부로 이거하게 된 인연이나 이유는 알 수 없다. 조부의 가문에 대하여는 알려진 것이 없다 다만, 김제민의 성장하는데 큰 힘이 되었던 사람이 외숙 김개인 것으로 보아 아마도 아들인 김호의 처가의 인연으로 고부에 정착한 것이 아닌가 한다. 어떻든 이에 따라 그의 부친인 김호로부터 그 자손인 고부 일대에 퍼져 살게 되었다.

　김제민의 부친 호는 부안 김씨 김석옥의 딸과 혼인하여 5형제를 두었는데, 김제민이 장남이다. 김제민은 1527년(중종 22) 부안 옹정리에 있는 외가에서 태어나 어릴 때에는 이곳에서 생활하였던 것으로 보인다. 정읍시사에도 김제민이 부안 옹정리에서 태어나서 7세 때 고부로 왔다고 기록되어 있다. (정읍시사) 결국 김제민은 그 문의에서 출생한지 얼마 되지 않아 부안 옹정리 외가로 왔다가 다시 고부로 들어온 것이 아닌가 생각할 수 있다 .이후 김제민은 고부에서 성장하여 과거에 급제하고 관직에 올랐을 때에는 다시 한양에서 거주하였을 것으로 보인다. 그러나 만년에 그가 벼슬에 물러나게 되었을 때, 다시 고부로 낙향하여 고부와 부안 일대를 옮겨 다니면서 거주하였던 것으로 보인다.[9]

9　김제민은 외가인 부안의 옹정리, 고부 덕천리에서서 살다가 관직에 올라가는 한양과 그 임지, 그리고 낙향하여 다시 고부의 도계리 등 여러곳에서 살았으며, 『부풍승람』권6, 김제민조에는 그가 한때 부안의 상포 낙파정사에서도 살았다고 기록하고 있다.

2) 김제민의 이항 문하 수학

김제민은 어릴 때 일재의 문하에서 수학하였다. 일재 이항은 1499년 한양에서 태어나 중종 33년 그의 나이 40세에 태인에 낙향하여 다음해인 1539년 칠보산 기슭에 정사를 짓고 '일재'이라 편액하였기 때문에 '일재선생'으로 불렸다. 일재는 이곳에서 학문에 전념하며 제자를 양성하였다.

이항선생이 태인에 낙향했을 때 김제민의 나이는 열 두 세살이 되는 때였지만, 언제부터 어떠한 인연으로 일재의 문인이 되었는지는 나타나지 않는다. 아마도 부안 일대에 유력한 기반을 갖고 있던 외가 부안 김씨의 영향이 컸을 것으로 보이며, 특히, 외숙인 김개의 도움이 컸을 것으로 보인다.

일재 이항은 명종 2년(1547) 문생이 많아지자 보림정사를 중수하였다. 명종 10년(1555)에는 김천일이 와서 수학하였는데, 김제민은 이보다 앞서 일재 문하에서 수학하였던 것은 확실하다. 김제민은 32세인 1558년(명종 13) 진사에 급제하게 되는데, 이 전까지 20년의 기간 속에 어느 정도 기간에서 일재의 지도를 받았는지는 알 수 없다. 김제민은 성품이 순수하였고 도량이 관용寬容하였으며 경학經學을 연구하여 이름이 알려지게 되었고, 후일 월정 윤근수, 고봉 기대승 등의 제현과 도의로서 사귀었다고 한다.[10]

---

10 『호남절의록』 권2, 壬辰義蹟, 三運將金公事實.

3) 김제민의 과거 급제와 관직생활

김제민은 명종 13년(1558)에 진사 2등으로 합격하였고, 선조 6년(1573)에 문과에 급제하였다.[11] 문과방목에 의하면 그가 과거에 합격했을 때 거주지는 부안으로 기록되어 있다. 아마도 이때까지 외가가 있는 부안에 거주하였던 것으로 보이며, 외숙 김계의 도움이 컸을 것으로 보인다. 이 점은 김제민이 과거에 급제했을 때 외숙인 운강 김계가 크게 명성을 얻으며 승정원승지에 재임하고 있었는데, 김제민을 이와 비유하여 큰 인물이 될 것이라고 칭찬하였다고 하는 점을 통해서 짐작할 수 있다.[12]

그가 과거에 급제한 뒤 어떠한 벼슬을 지냈는지는 기록이 자세하지 않다. 다만, 그의 묘갈명에 의하면 형조좌랑, 군기시정의 내직과 화순 순창 등의 군수를 지냈다고 기록되어 있으며,[13] 『호남절의록』에는 그가 화순 순창 함양현감을 지낸 사실만 기록되어 있다.[14] 그런데, 그가 화순이나 함양군수를 지낸 시기는 알 수 없으며, 순창군수으로 부임한 것은 선조 17년(1584)이었으며, 선조 19년(1586)에 고경명과 교체되었다.[15]

그런데, 『선조실록』에 의하면 김제민은 그의 나이 60세가 되던 선조 19년(1586)년 8월 전라도사에 임명되었다.[16] 그러나 전라

---

11 『선조실록』 권7, 선조 6년(1573) 3월 7일.
12 『동토선생문집』 권6, 軍器寺正金公墓碣銘.
13 『동토선생문집』 권6, 軍器寺正金公墓碣銘.
14 『호남절의록』 권2, 壬辰義蹟, 三運將金公事實.
15 『순창군읍지』, 규장각 소장, 1745 이후.
16 『선조실록』 권20, 선조 19년(1586) 8월 24일.

도사에 임명된 지 닷새 만에 사간원의 탄핵을 받아서 전라도사에서 체차되고 말았다. 당시 사간원의 탄핵의 사유는 김제민의 인물이 어리석고 거친데다 나이 들고 술까지 즐겨서 자못 적합지 않다는 비난이 있다는 것이었다.[17] 그러나 당시 정치적 상황이 동인이 집권하고 있던 시기로서 서인이 계열이었던 김제민이 정치적으로 숙청이 된 것이 아닌가 한다. 그런데, 그의 묘갈명에는 임진왜란이 일어났을 적에 공은 마침 병으로 관직에서 물러나 집에서 지내고 있었다고 기록하고 있다. 추정컨대 이 사건을 계기로 김제민이 병을 칭탁하고 고부로 낙향한 것이 아닌가 한다.

4) 김제민의 낙향과 고부 우거

관직을 그만 둔 김제민은 고부로 돌아와 임진왜란이 일어날 때까지 이곳에서 살았던 것으로 보인다. 김제민의 묘갈명에는 그가 "중년에 벼슬을 버리고 천태산 아래에다 터를 잡아 집을 짓고는 스스로 호를 오봉이라 하여 술 마시고 시 짓는 데 마음을 붙이는 한편 형제들에게 우애하였고, 집안이나 문중 사람들과도 화목하게 지냈으며, 일을 처리하고 남을 대할 때는 한결같이 진실에 맡겨 도량이 태연스러웠고 일찍이 눈썹 찌푸리는 일을 하지 않았으므로, 한번만 보고도 그가 마음이 즐겁고 편안한 군자인가를 알아보았다"라고 기록하고 있다.

---

17 『선조실록』 권20, 선조 19년(1586) 8월 29일.

김제민은 김해김씨 참봉 김윤구의 딸과 혼인하여 슬하에 5남 2녀를 두었는데, 아들은 김현, 김서, 김엽, 김혼, 김섬이고, 사위가 한변신, 서봉연이며, 측실에서 김안을 두었다.[18]

3. 임란 초기 김제민의 삼례창의와 웅치전투 참전

1) 임란 발발과 초기 호남 근왕의병의 결성

김제민이 벼슬을 그만두고 낙향한지 6년이 되는 1592(선조 25) 4월에 임진왜란이 일어났다. 그 때 김제민의 나이는 66세였다. 4월 13일 조선을 침공한 왜군은 부산 상륙 후 속전속결의 전략으로 수도 한양을 향하여 북상하였고, 조선은 이를 저지하지 못하여 20일 만에 수도 한양이 점령당하는 참담한 위기 상황을 맞게 되었다.

왜군의 침공 소식은 곧바로 전라도 지역에 전해졌고, 전란의 발발 소식에 접한 호남지방 또한 상당한 동요가 있었지만, 왜군의 공격목표에서 벗어나 있었기 때문에 어느 정도 행정이 유지되고 있었다. 감사 이하 각 군현의 수령을 중심으로 민심을 안정시키고 전라도로 침공해 올 것에 대비하는 움직임을 보이고 있었다. 당시 전라도 유력 사족들도 이들을 도와 군사와 무기를 점고하는 등 방비책을 마련하고자 하였다.[19]

---

18 『동토선생문집』 권6, 軍器寺正金公墓碣銘.

그러나 왜군의 북상이 계속되자 일부 관인과 사족들이 감사에 근왕을 요구하기도 하였다. 근왕을 주저하고 있던 감사 이광은 마침내 4월 30일경 전라도 군사를 동원하여 1차 근왕길에 올랐다가 5월 4일 충청도 공주에 이르러 임금의 파천소식을 듣고 군대를 해산하고 돌아옴으로써 큰 물의를 일으키게 되었다. 호남근왕병의 공주회군과 함께 수도의 함락과 임금의 파천으로 이어지는 일련의 사태는 호남지역의 선비들에게 큰 충격과 위기의식을 불러 일으켰다.[20]

　이에 따라 명망있는 선비들이 스스로 군사를 모집하여 왜적을 물리치고 근왕을 하자 하는 움직임을 보이기 시작하였다.[21] 이에 따라 5월부터 전라도에서는 한양을 탈환하고 임금을 모시겠다는 근왕을 목적으로 의병이 결성되어 북상하기 시작하였다. 전라도에서 가장 먼저 의병을 거느리고 출정한 인물은 일재 이항 선생의 제자의 한 사람인 건재 김천일이었다. 그는 5월 중순경부터 창의활동을 시작하여 나주를 중심으로 3백여명의 의병을 모집하여 마침내 6월 5일경 경기도로 향하여 북상을 시작하였다.[22]

　사실 임란 초기 호남지방에서 의병운동의 시작은 김천일보다 옥과의 유팽로와 남원의 양대박에 의하여 먼저 이루어지고 있었

---

19 하태규, 「임진왜란 초 호남지방의 실정과 관군의 동원실태」, 『지방사와 지방문화』 16권 2호, 44쪽~51쪽 참조.
20 위의 논문, 47~55쪽 참조.
21 일부 견해에서는 전라도에서 의병활동이 호남의병의 제2차 근왕병이 용인전투에서 패배한 뒤에 시작된 것으로 보기도 하지만, 이는 잘못된 것이다.
22 김천일의 의병활동에 대하여는 조원래, 「김천일의 의병활동과 그 성격」, 『사학연구』 제31호, 1980; 『임란의병장 김천일연구』, 학문사, 1982; 「제이차 진주성전투와 김천일의 전공문제」, 『군사』 제5호, 1982 참조.

다.[23] 성균관 학유로 임명되어 한양으로 올라가 있던 유팽로는 왜군의 침공 소식을 듣고 곧바로 옥과로 내려오면서 순창에 이르러 부랑배를 타일러 의병화시키고 의병장의 기치를 내걸었다고 한다. 그러나 실질적 창의활동은 전라감사 이광의 근왕병이 공주에서 파군한 5월 초순부터 전라도 남쪽 고을을 순행하면서 시작되었다. 마침 같은 시기에 남원에서도 창의활동을 전개하고 있던 양대박과 함께 고경명에게 창의를 요청하여 마침내 고경명을 대장으로 하는 호남연합의병을 결성하게 되었다.

고경명 등은 각 고을에 격문을 띄우고 대대적으로 병력을 모아 북상하고자 하였다. 이 때 고경명은 김천일에게도 협력하여 북상할 것을 제의하였으나, 김천일이 먼저 나주 지역에서 모집한 병력만을 이끌고 북상하였던 것이다. 이에 유팽로, 양대박, 고경명은 병력을 모은 뒤 5월 말 담양회맹을 통하여 연합의병을 결성하여 고경명을 대장으로 추대하여 6천여 명의 호남 근왕의병을 결성하였다.[24]

고경명 의병은 6월 11일 담양을 출발하여 6월 15일 전주에 도착하여 병력을 증강하고 있었다. 당시 고경명의 의병에 참여한 호남의 선비들의 분포를 보면 대체로 광주, 나주, 장성, 옥과 남원 순창 등 전라도의 남주 좌도 지역이 중심이 되었으며, 학맥상으로는 하서 김인후와 고봉 김인후의 문인들이 중심이 되었다.

---

[23] 유팽로와 양대박의 창의활동에 대하여는 하태규, 「임란기 호남지역 의병운동의 추이」, 『전북사학』 32, 2008, 31~37쪽 참조.

[24] 고경명 의병의 결성과 활동에 대하여는 조원래, 「임란초기 두차례의 금산전투와 그 전략적 의의」, 『충남사학』 제12집, 충남사학회, 2000와 하태규, 「고경명 호남의병의 성격과 금산전투의 의의」, 『신학과 사회』 제9집, 한일신학대학교 기독교종합연구원, 1995 참조.

2) 김제민의 삼례창의

이와 같이 전라도 남부 지방으로부터 김천일과 고경명의 의병 활동이 활발하게 전어 근왕병이 결성되고 있을 전라도 북부 지역에서는 오봉 김제민이 의병활동을 전개하였다. 전라도의 수부였던 전주에서는 임란초기 의병활동이 활발히 전개되지는 아니하였다. 그것은 전라감사, 전라도사, 전주부윤, 전라병사 등 각급 장수들에 의하여 지속적으로 관군의 징발과 동원이 이루어지고 있었기 때문에 대규모의 의병을 일으킬 수 있는 상황이 아니었다고 보여진다. 또한, 전주는 동인계 사림의 세력이 비교적 강했던 지역으로 정여립의 역모사건을 계기로 큰 타격을 입었기 때문에 의병운동이 활발하지 못했던 것으로 이해되었다.[25] 임란 초기 조정에서 정여립의 사건에 연좌된 자를 사면하는 교서를 내린 것도 이러한 사정과 관련이 있다고 생각된다. 이러한 분위기와 관련하여 행정이 유지되고 있던 상황에서 전주의 사족들은 수차례 동원되는 관군을 지원하는 방향으로 전개되었던 것으로 보인다.

이러한 전주 지역에서 5월 14일 경부터 생원 이당을 비롯한 20여인이 좌도 열읍에 통문을 돌리면서 거의를 촉구하고 있었다.[26] 『쇄미록』에 의하면 5월 16일 이당 등의 전주 유생들의 통문이 장수에 이르렀다고 기록되어 있다. 이 때 고부의 김제민이 전라도 북부 지역을 중심으로 의병활동을 시작하였다. 그 때 김

---

25 송정현, 「임진왜란과 호남의병」, 『역사학연구』 4, 1972, 12쪽.
26 『쇄미록』, 「임진남행일록」, 全州儒生通告左道列邑文.

제민은 나이 66세로 이미 관직에서 물러나 있었던 때였다.

그의 묘갈명에는 임진왜란이 일어났을 적에 그는 마침 병으로 관직에서 물러나 집에서 지내고 있었다고 기록하고 있고,[27] 『호남절의록』에는 전군수로 집에 있었다고 기록하고 있으며,[28] 『창의록』에는 순창군수로 재임하고 있었다고 기록되어 있다. 그러나 앞에서 살펴본 바와 같이 그는 순창군수를 지낸 다음, 선조 19년 전라도사 임명되었다가 탄핵을 받고 교체되었다. 이러한 점으로 본다면, 그는 탄핵을 받은 이후 신병을 이유로 낙향하여 고부에 머물고 있었던 것으로 보인다.

김제민은 아들인 김현·김흔·김섬을 내세워 의병활동을 전개하였다. 김제민은 대가가 서행했다는 소식을 듣고 자신의 아들로 하여금 전주와 금산 등 전라도 제읍에 격문을 보내 거의를 촉구하였다. 이 격문은 김제민이 지은 것으로 알려져 있으며, 『오봉집』에도 수록되어 있다. 이때 호남지역의 선비들 중에서 김제민의 창의와 격문에 응하여 삼례역에 참여한 인사들과 어느 정도였는지 알 수 없다. 아마도 여기에 참여한 인사들은 주로 일제 이항의 문인이거나 그 영향을 받았던 선비들이었을 것으로 추정된다.

후대의 기록에 의하면, 이때 도내의 충의지사들이 격문에 응하여 이른 자가 수천에 달하였고, 마침내 임진년 6월 27일 김제민을 대장으로 추대하였다고 한다.[29] 그러나, 모인 의사가 수천

---

[27] 『동토선생문집』 권6, 軍器寺正金公墓碣銘.
[28] 『호남절의록』 권2, 壬辰義蹟, 三運將金公事實
[29] 『오봉선생집속』, 四學儒生幼學白奎鏶等, 純廟二十年庚辰

에 이르렀다는 삼례의병의 규모는 과장된 것으로 보이며 실제 그 병력 규모가 얼마인지는 알 수 없다. 또한, 삼례의병의 결성 시기 또한 명확히 전하지는 않는다. 다만, 김제민이 돌린 격문이 장수현에 전달되어 오희문이 지은 『쇄미록』에 수록되어 있는데, 격문의 말미에 '이달 27일을 기일로 삼례 역전에 모이라'고 쓰여 있어서 그 날짜가 5월인지 6월인지 불분명하다.[30] 그런데, 김제민이 6월 27일에 독제를 지낸 제문이 『오봉집』에 실려있는 것으로 보아 이 날짜가 김제민을 대장으로 하는 삼례의병 결성되어 출정한 날로 보인다.[31]

김제민의 격문에 응해 삼례역에 모인 호남의 여러 인사들이 그를 의병대장으로 추대하였다. 이 때 부호군 이경주가 의병 수백명을 모집하여 오봉 김제민를 따라 총대부장이 되었다고 한다.[32] 이리하여 김제민은 이경주를 총대부장으로 삼고, 아들 엽을 시켜 운량을 하게 하고, 흔과 안은 군졸을 총령하게 하여 근왕을 목표로 고산을 거쳐 대둔산까지 올라가고 있었다.[33] 다만, 김제민이 왜 고산방면으로 진로를 정하였는지는 알 수 없다.

이러한 점으로 볼 때, 따라서 김제민의 삼례의병은 김천일의 나주의병이나 고경명이 거느리는 담양의 호남의 연합의병진과 마찬가지로 근왕의병의 성격을 지녔다. 이와 같이 임란발발 초기 전라도에서는 나주의 김천일, 담양의 고경명, 그리고 삼례에

---

30 『쇄미록』, 「임진남행일록」, 古阜儒生檄文.
31 『오봉선생집』 권3, 제독문, 萬曆壬辰六月二十七日.
32 송정현, 「임진왜란과 호남의병」, 『역사학연구』 4, 1972, 8쪽.
33 『호남절의록』 권2, 壬辰義蹟, 三運將金公事實.

서 김제민이 각각 대장이 되어 의병을 결성하여 근왕을 위하여 세 부대로 나뉘어져 시기를 달리하며 북상하게 되었다. 이에 따라 김천일을 일운장, 고경명을 이운장, 그리고 김제민을 삼운장이라고 불렀다.[34]

3) 김제민 의병의 웅치전투 참전과 역할

한편, 북상하던 왜군은 한양을 점령한 뒤 5월 중순부터 전라도 침공을 시작하였다. 마침내 왜군 6월 23일 전라도 북쪽의 금산성을 점령한 뒤 전주부성을 위협하고 있었다. 그 때 당시 전라도의 상황은 이광이 거느리는 제1차 호남근왕병이 공주에서 회군한 뒤 다시 약 4만의 군사를 이끌고 전라도를 떠나 북상길에 올랐다가 용인에서 패배하고 무너졌고, 이어서 전라병사 최원 2만의 병력을 동원하여 경기도로 북상하여 호남을 방어할 병력이 현저히 부족한 상황이었다. 호남이 위기에 처하자 전라감사 이광은 전라도 각지의 관군을 동원하여 방어태세를 갖추었는데, 광주목사 권율을 도절제사로 삼아서 경상도와 전라도의 경계에 배치하고, 웅치와 이치에는 전라방어사 곽영, 김제군수 정담, 나주판관 이복남, 동복현감 황진 등을 배치하여 방어에 임하도록 하였다.[35]

왜군이 금산성을 점령하고 전주를 향해 쳐들어오자, 근왕을

---

34 『호남절의록』 권2, 壬辰義蹟, 三運將金公事實
35 하태규, 「임진왜란 초 호남지방의 실정과 관군의 동원실태」, 58~63 참조.

목표로 북상하던 호남의병들은 그 진로를 변경하여 먼저 호남을 침공한 왜군과 대응하고자 하였다. 그리하여 여산을 거쳐 은진까지 북상하였던 고경명은 진로를 바꾸어 진산으로 진을 옮겨 금산의 왜군이 호서와 호남을 공격하는 것을 견제하고 나아가 금산성을 탈환하고자 하였다.[36]

근왕을 목적으로 고산을 거쳐 대둔산까지 올라갔던 김제민도 진로를 변경하여 곰티재로 달려가 진안으로부터 전주를 공격하려는 왜군을 막고자 하였다.[37] 그런데 7월 2일 왜적이 용담으로부터 장수 방면으로 향하게 되는데, 이때 전라감사 이광은 웅치를 지키고 있던 황진을 남원 경계로 옮겨 지키게 하였던 것으로 보인다. 그리하여 웅치에는 나주판관 이복남, 김제군수 정담 등이 남아 파수하게 되었는데, 그때 전 전주만호 황박도 의병 200명을 모아 웅현에 가서 복병하여 조력하고 있었다.[38]

그런데, 7월 5일 진안으로부터 적병이 전주로 향하자 감사 이광은 남원으로 파견하였던 황진으로 하여금 다시 웅치로 돌아와 막도록 하였다. 그러나 황진이 아직 남원으로부터 돌아오기 전인 7월 8일 새벽부터 진안에 주둔하고 있던 왜적은 웅치방면으로 대대적인 공격을 개시하였다. 이때 권율은 전라감사 이광의 지시에 따라 남원에서 영호의 경계를 지키고 있었고, 황진도 전라감사 이광의 명에 따라 남원으로부터 오는 도중에 있었으므로

---

36 『침계선생유고』 권6, 贈吏曹判書金公齊閔諡狀.
37 『연재선생문집』 권32, 鰲峯忠剛金公齊閔神道碑銘幷序.
38 이하 임란 초기 웅치전투와 호남방어에 대하여는 하태규, 「임란에 있어서 웅치전의 위상에 대하여-호남방어와 관련하여-」, 『전라문화논총』 제4집, 1990; 「임진왜란 초기 전라도 관군의 동향과 호남방어」, 『한일관계사연구』 26, 2007. 참조

실제로 웅치에서는 김제군수 정담, 나주판관 이복남, 의병장 황박 등이 적을 맞아 싸우게 되었고 여기에 전라감사 이광이 군사를 보내 응원하였던 것이다.

의병장 황박이 최전방에 나가 지키고, 나주 판관 이복남은 제2선을, 그리고 김제 군수 정담은 정상에서 최후 방어를 담당하여 쳐들어오는 왜군을 막아 싸웠다. 이때의 상황이 『선조실록』이나 조경남의 『난중잡록』에 비교적 자세히 기록되어 있는데, 그에 의하면 웅치에 침입한 왜적의 그 규모는, 자세히 알 수 없으나, 선봉부대 만도 수천 명에 달하는 대부대였다. 선봉부대의 공격에 대하여 이복남 등이 결사적으로 싸워 물리쳤으나, 해가 뜬 뒤에 적의 전면적인 공격을 받아 치열한 접전이 전개되었고 이날 오전 오각의 치열한 접전이 전개되었다.

그러나 저녁 무렵 마침내는 힘이 다하여 화살이 떨어져 소란한 틈을 타서 왜군은 다시 전면 공격을 가해왔다. 전세가 불리해지자 이복남과 황박 등은 후퇴하여 안덕원에 주둔하였고, 웅치에서는 김제군수 정담 휘하의 장정들이 끝까지 사투를 전개하여 김제군수 정담을 위시하여 종사관 이봉·강운 등 많이 장정들이 전사하였다.

이 때 오봉 김제민이 어떠한 위치에 주둔하여 싸웠는지는 알 수 없다. 『호남절의록』을 통해서 보면, 김제민도 이날 김제 군수 정담 등과 더불어 오전 오각의 접전을 치렀다고 기록하고 있는 것으로 보아 웅치전투의 주력의 하나로 전투에 임하고 있었던 것을 알 수 있다. 그런데, 김제군수 정담 측의 기록에서는 이 전투에서 왜군이 물러가려고 할 때 김제민과 이복남이 화살이

떨어지자 먼저 화살이 떨어졌다고 소리치고 비겁하게 달아났기 왜군이 다시 달려들었다고 기록하고 있다.[39]

그러나 『호남절의록』의 기록을 통해서 볼 때, 김제민은 이 전투에서 그의 아들 김안과 휘하의 많은 의병들이 전사하는 가운데 죽음을 무릅쓰며 사투를 전개하였던 것으로 나타난다. 이 전투에서 김제민은 기운을 북돋우고자 북채를 잡고 북을 쳐 장사들을 나아가게 하며 하루종일토록 독전하여 적이 다섯 번 나와 다섯 번 물러갔다. 이 전투에서 아들 안과 정담이 전사하자, 그는 혼으로 더불어 적진으로 돌입하여 좌충우돌로 적을 사살하니 적이 크게 붕괴하여 도주하였다고 한다.[40] 이 때 광산의 박상경도 가동 수십명을 인솔하고 의병을 일으켜 김제민의 좌막으로서 진후에서 많은 찬획을 하였으며,[41] 이경주도 의병 수백을 모아 김제민과 함께 웅치에 참전하여 종일토록 싸우다 순절하였다고 한다.[42]

그런데 이 기록만을 통해서 본다면 웅치전투의 주장이 마치 김제민인 것처럼 오해할 수도 있다. 하지만, 웅치전투의 실상은 그렇지 않다. 웅치전투는 왜군의 호남침공의 위기 상황에서 전라감사 이광의 지휘에 따라 전라도 각지의 수령이 거느리는 관군이 동원되어 전투에 임하였고, 여기에 전라도 각 지역에서 일어난 여러 의병이 참전하여 왜군과 싸웠다.

---

39 『존재선생문집』 권4, 잡저, 參判鄭公遺事;『연경재전집』 권60, 蘭室史料, 錦山殉節諸臣傳 鄭湛.
40 『호남절의록』 권2, 壬辰義蹟, 三運將金公事實.
41 『호남절의록』 권2, 金齊閔同倡諸公事實 金曄, 金昕, 金晏條.
42 『호남절의록』 권2, 金齊閔同倡諸公事實 李擎柱.

실제 웅치전투의 상황 가장 상세히 전하는 조경남의 『난중잡록』에 의하면, 왜군이 금산성을 함락하여 전주가 위기에 처하자, 웅치에는 김제군수 정담, 나주판관 이복남, 동복현감 황진, 배치되어 수비에 임하였던 것으로 나타나고, 그런데, 진안의 왜군이 장수로 향하는 움직임을 보이자, 동복현감 황진이 왜군의 동향에 따라 감사의 명으로 남원으로 이동하고, 여기에 의병장 황박이 웅치로 달려가 조전한 것으로 나타난다. 또한 해남현감 변응정도 웅치전투에 참전하였음이 징비록 등 여러 사서에 나타난다.[43]

이 외의 웅치전에 참여한 인물들의 행적은 호남절의록 등 후대에 만들어진 사료에서 찾아 볼 수 있다. 우선 김제의 선비 안휘, 박석정, 박정영, 등은 각각 가동이나 의병을 모집하여 군수 정담과 함께 웅치전투에 참전하여 순절하였고, 조성립도 웅치전에 참전하였다가 후일 정담의 순절사실을 알린 인물이다. 이들이 거느린 군사들은 의병이지만 김제군수가 거느리는 김제 관군과 함께 싸웠을 것으로 보인다.

이와 같이 전라도 각지에서는 여러 선비들이 의병을 모집하여 고을 수령 등 장수를 따라 출전하여 이 웅치전투에 임하였던 사례들이 많이 있었던 것으로 보인다. 해남에서는 김만령과 그 아들 판관 김몽룡, 사복 양경복이 각각 창의하여 의사를 거느리고 웅치전에 참여하여 많은 적을 죽이고 여해남현감 변응정과

---

43 『징비록』 권1, 임진년 7월; 『선조수정실록』 25년(1592) 25년 8월; 『기재사초』 하, 〈임진일록〉 3, 기만력 20년 7월, 8월; 『국조인물지』 2, (선조조)변응정; 『기년편고』, 변응정; 『약포선생유고』 권3, 〈난후도망록〉; 『성호사설』 제11권 人事門 直擣馬島.

더불어 순절하였다고 한다. 그런데 일부 기록에서는 변응정이 후일 금산에서 순절하였다고 기록하고 있어서 이에 대하여는 검토의 여지가 있다. 또한, 남원에서는 김응배, 윤응인 윤응남 형제, 능주의 김나복 등이 각각 가족, 또는 가동, 의려 등 군사를 거느리고 웅치전에 참전하였는데, 소속의 수령이나 인연이 있는 장수를 따라 참전한 것으로 보인다.

이외에도 김수연은 충청수사로서 금산에서 적과 접전하여 웅치와 이치로 추격하여 왔다고 하고, 선천부사로서 진안에 적거하던 김진태도 웅치의 전투에 참전하여 정담 변응정 등과 더불어 역전 순절하였다.[44] 진안의 김수·김정 형제도 웅치전에 일가와 가동을 이끌고 참전, 김수의 차자 형룡과 종제 서, 재종종, 제3자 이룡과 정의 자 인룡, 의룡, 정의 자 익룡, 종제 당과 당이 아들 등 일가 친척이 한자리에서 순절하였다.[45]

이상에서 살펴본 바와 같이, 웅치전투에서는 김제군수 정담을 비롯하여 많은 관군과 의병이 순절하면서 많은 희생을 치르며 사투를 전개하였지만, 왜군은 웅치를 넘어 7월 9일 경 전주부근으로 진출하여 왔다. 그러나 웅치전투에서 전력을 크게 상실한 왜적은 전주부성을 감히 공격하지 못하고 안덕원 너머에서 아군과 대치하게 되었다. 결국 이들은 전전적 이정란과 전라도사 최철견이 지키고 있던 전주부성을 공격하지 못하고 있다가, 남원으로부터 군사를 이끌고 달려온 동복현감 황진에게 패하고 진안

---

44 『호남절의록』 권2, 壬辰義蹟, 一道殉節諸公事實, 金萬齡, 梁景福, 金應陪, 金秀淵, 金振兒.
45 하태규, 「임란에 있어서 웅치전의 위상에 대하여 - 호남방어와 관련하여 -」, 『전라문화논총』 제4집, 1990.

용담을 거쳐 금산으로 퇴각하였다.

이러한 점에서 웅치전투는 임란 초기 전황이 가장 어려운 상황에서 전라도로 침공해 들어오는 왜적을 막아 호남을 지킴으로써 호남곡창을 지켜냄으로써 조선이 임란을 극복할 수 있는 결정적인 계기를 만든 전투였다고 평가된다.[46] 그러므로 임란 초기 삼례에서 창의하여 웅치전투에 참여하여 호남방어에 일익을 담당하였던 김제민의 의병의 역할이 적지 않다고 할 것이다.

4. 장성 남문창의와 김제민의 의병활동

1) 웅치전 이후 김제민의 행적과 김경수의 남문창의

삼례에서 결성된 의병을 이끌고 웅치 전투에 참여하였다가 아들 안과 많은 병력을 잃은 김제민은 잠시 향리로 돌아간 것으로 보인다. 『호남절의록』등에 의하면, 그는 행재소로 근왕코자 하였으나, 전라감사 이광의 저지로 뜻을 이루지 못하고,[47] 그의 아들인 김엽 김흔으로 하여금 남은 병력을 거느리고 의주로 달려가 호종하게 하였는데, 김흔은 권율의 막하에 들어가서 행주산성 전투를 비롯하여 울산 등지에서 왜군과 지속적인 전투를 하였다고 한다.[48] 반면, 『창의록』에는 11월 9일 김제민이 김엽,

---

46 「임진왜란 초기 전라도 관군의 동향과 호남방어」, 『한일관계사연구』 26, 2007 참조.
47 『호남절의록』 권2, 壬辰義蹟, 三運將金公事實.
48 『호남절의록』 권2, 壬辰義蹟, 三運將同倡諸公事實, 金曄;『호남절의록』 권2, 壬辰義蹟 三

김흔과 함께 장성 남문의병의 결성에 참여하였다고 기록되어 이에 대한 검토가 필요하다.[49]

웅치전투 후 전라도의 상황을 보면, 웅치 전투 직후 고경명의 의병이 금산성을 공격하다가 무너지고, 왜군이 아직 금산과 무주 일대에 하면서 주변 고을 약탈하고 전주를 위협하고 있었다. 고경명의병의 순절을 계기로 호남에서는 의병운동이 활발하게 전개되고 있었다. 특히 장흥 보성을 중심으로 한 지역에서 임계영을 중심으로 한 전라좌의병이 결성되고, 곧바로 금산성에서 무너진 고경명의병의 산졸을 모아 최경회를 대장으로하는 호남우의병이 결성되어 남원과 장수 등지로 달려가 왜적에 대응하고 있었다. 이외에도 전라도 각지에서 여러 선비들이 독자적인 창의활동을 전개하고 있었다.

그때 전라도 장성에도 하서 김인후의 종제인 김경수를 중심으로 창의활동이 전개되고 있었다. 김경수는 7월 18일 금산성 패배소식을 듣고 장성 남문에서 종제 김신남과 아들 김극겸 김극후 등을 중심으로 창의활동을 전개하여 사방에 격문을 보내어 의병과 군량을 모으기 시작하였다.[50] 그러나 김제민이 이에 응하여 남문의병 창의에 참여한 것은 상당히 늦은 11월 9일이었다. 그 사이에 김제민이 어떻게 지냈는지는 알려지지 않았다.

『창의록』의 남문일기에는 남문의병 창의 과정과 그 활동 내용이 소상히 기록되어 있다. 그러나, 이 남문일기는 후대에 정

運將同倡諸公事實, 金昕.
49 『창의록』 권1, 「남문일기」, 만력 20년 11월 초9일; 권2, 「제현사실」, 김제민.
50 『창의록』 권1, 「남문일기」, 만력 20년 7월 18일.

리된 것으로 많은 오류를 안고 있어서 수록된 내용을 그대로 사실로 받아들이기 어려운 점이 없지 않다. 하지만, 남문일기 외에는 장성의병의 활동상을 구체적으로 전하는 자료가 없기 때문에 이에 근거로 장성의병과 김제민의 활동을 추적해 볼 수밖에 없다.

정성남문 창의는 전좌랑 김경수(1453~1621)에 의하여 주도되었다. 그는 7월 18일 금산성이 함락되었다는 소식을 접하고 분함을 참지 못하여 종제인 전판관 김신남과 두 아들인 김극겸과 김극후 등과 함께 장성 남문으로 나아가 장차 의병청을 설치하고자 편지로 기효간, 윤진 등을 청하면서 창의활동을 시작하였다.[51] 그리하여 다음날 남문에서 김경수와 기효간 윤진이 만나 서로 뜻을 같이 하여 거의하기로 하고 먼저 각 고을을 격문을 띠우고 의병과 군량을 모으기로 하였다. 마침내, 7월 20일 김경수 등은 격문을 초하여 고창의 김홍우에게 전하여 도내의 모든 고을에 전하도록 하였다. 격문이 전해지자 장성 인근의 제읍은 물론 영광 무안 함평 장흥 등 원거리의 선비들까지 이에 호응하여 직접 남문으로 달려오거나 인력과 물자를 보내오기도 하였다.

그리하여, 8월 25일까지 약 한 달 남짓에 걸쳐 장성의 김경수, 김신남, 김극겸, 김극후, 기효간, 윤진, 김중기, 김덕기, 정운룡(김기수)와 백암사 승려 처능, 계묵, 계한, 덕인 등이 참여하였고, 고창의 김홍우, 김광우, 서홍도, 홍덕의 서곤, 담양의 김언욱, 김언희, 정읍의 유희진, 태인의 이수일, 김후진, 김대립, 무안의 윤황,

---

51 『창의록』 권1, 「일기」 만력 20년 7월18일.

나주의 김부, 김명, 김경남, 전서, 무장의 김성진 김란, 영광의 이응종, 광주의 이근, 기효증 박경, 부안의 김억일, 함평의 정충량, 정득량, 전주의 이정란, 순창의 홍계훈, 금구의 홍정춘 등 약 40여 명의 선비들이 남문창의에 참여하거나 뜻을 같이 하여 병력과 물자를 보내왔다.[52] 이 과정에서 장성현감 백수종은 쌀 15석과 관군 40명을 보내 의병을 도왔으며, 때때로 술과 고기 등 음식을 가져와 위로 격려하였다.

그러나 8월 24일 병력과 군량을 점고해 본 결과 병력은 2백39에 군량이 1백 90섬 2말에 불과하였다. 이와 같이 의병과 군량이 모집이 여의치 않자 김경수는 8월 29일 여러 선비들로 하여금 각자 고을로 돌아가서 널리 의사와 의곡을 모집하여 수만 인, 수만석의 의곡을 모집하여 출정하기로 하고 1차 집결했던 인사들을 해산하여 돌려보냈다.[53]

그로부터 보름이 지난 9월 초10일 김경수는 각 읍의 선비들에게 편지를 보내 모집한 군사와 병량이 상황을 파악하도록 하였다. 그러나 각지에서의 모병과 모량은 순조롭지가 못하였던 것으로 보인다. 9월 16부터 9월 29일까지 약 보름에 걸쳐 김홍우, 서곤, 유희진, 이응종, 김언희, 김성진, 김부, 김홍원, 윤황, 이수일이 각각 모집한 군사와 군량의 수효를 보고해 왔는데. 병력은 620여 명, 군량 230여 석, 마태 16석, 말 37필, 소 18마리, 기타 창검, 탄환, 등 군기 약간 등이었다. 이와 같이 보고를 받은 김

---

52 『창의록』 권1, 「남문일기」, 만력 20년 7월 초일~8월 25일.
53 『창의록』 권1, 「남문일기」, 만력 20년 8월 24일.

경수는 9월 30일 다시 여러 고을에 서신을 보내서 모은 의병과 곡식을 항상 점검하고 조련하고 군오를 정비하도록 하였다.[54]

김경수가 창의한 이래 10월에 이르기까지 군량과 군사를 모집하는데 시간을 보내고 있을 때, 부안의 김홍우가 10월 7일 아우를 통해 남문에 모일 날짜를 미리 정하여 여러 고을에 미리 알리는 것이 좋겠다고 제의하여 왔다. 이에 김경수는 10일 12일 도내의 부로들에게 서신을 보내서 이달 즉 10월 20일을 기일로 각기 모집한 의병과 모은 의곡을 거느리고 남문 밖에 모여 왜적을 섬멸할 거사를 모의하자고 알렸다. 이에 대하여 이응종이 사람을 보내서 병사를 경솔히 하지 말고, 날짜를 더 미루어 신중히 하자는 요청을 해오자, 김경수는 10월 16일 다시 각 고을에 서신을 보내 다음달 즉 11월 초 9일에 남문에 모일 것을 통지하였다.[55]

2) 김제민의 남문창의 참여와 남문의병의 결성

약속된 11월 9일에 이르러, 그동안 남문창의에 참여하지 않았던 전 순창군수 김제민이 참여함으로서 장성남문의병이 새로운 국면을 맞게 되었다. 『창의록』의 남문일기에 의하면, 순창현감 김제민이 이날 아들 봉사 엽과 학산 흔과 함께 순창 관군 40명, 의사 1백 20인을 거느리고, 의족 70석, 장편전 37촉, 목령 14개,

---

54 『창의록』 권1, 「남문일기」, 만력 20년 9월 10일~30일.
55 『창의록』 권1, 「남문일기」, 만력 20년 10월 7일~10월 16일.

철령 12개, 말 12필, 소 9마리, 새끼 1백 60통을 가지고 가장 먼저 왔다고 기록하고 있다. 그러나 사실 당시 김제민의 직함은 순창현감이 아닌 전 순창현감이었기 때문에 그가 거느린 관군이 순창관군이라는 점은 의문의 여지가 있다.[56]

김제민에 이어, 이날 김홍우가 의병 82명을 거느리고, 군량 32섬, 편전 31촉, 말 7필, 소 3마리를 가지고 왔는데, 문수사의 승려 처한 등 16명이 따라 왔다. 그리고, 서곤이 연기사 승려 사혜 등 17명과 의병 49인 가동 6인 등과 함께 백지 19속, 장지 7속, 새끼 37통, 군량 24석 7두, 군기 등 물건을 가지고 왔으며, 그리고 김홍원이 모집한 의사 1백인, 승군 31명, 군량미 47섬, 군기 등을 김해를 통해서 보내왔으며, 김억일이 가동 수십명을 거느리고 합세하였다. 이 때 내장사에 오희길이 찾아와 격려하기도 하였다.[57] 당시 오희길은 경기전 참봉으로 내장산 비래암으로 옮겨진 태조 어진과 실록을 수직하고 있었다.[58]

다음날인 10일에는 유희진이 아우 유희사와 함께 의사 57인, 가동 12명, 군량 35섬, 말 1마리, 소 1마리를, 이수일이 가동 11명, 의사 52인, 군량 22섬, 병서 2권을 가져왔고, 김후진, 김대립 등이 의곡 15섬을 보내왔으며, 김언희가 가동 9명, 의사 72인과

---

56 『창의록』 권1, 「남문일기」, 만력 20년 11월 9일. 이 기사에 김제민이 순창군수로서 순창의 관군 40여명을 거느리고 남문창의에 참여하였다고 기록되어 있는데, 이것은 잘못된 것이다. 김제민이 순창군수에 재임하였을 때는 선조17년(1584)부터 선조 19년(1586)까지였다. 임진왜란 당시 순창군수는 김예국이었다. 따라서 김제민이 임진의병을 창의한 것은 순창군수에서 이임한지 6년이 지난 시점이었다. 이외에도 김제민에 관한 여러 자료에서는 그가 순창군수로 재임하고 있었다고 기록되어 있는데, 이것은 후대에 작성된 것들로 정확성이 떨어진다고 보여진다.
57 『창의록』 권1, 「남문일기」, 만력 20년 11월 9일.
58 『임계기사』, 守直相遞日記.

함께 널빤지 50장, 콩 15석, 군량 26석, 말 9필, 소 2마리를 가지고 왔는데, 옥천사 승 의관이 승군 37명과 함께 백지 18속, 장지 6속, 새끼37통을 가지고 따라왔다. 이어서 윤진이 의사 38명, 가동 8명과 함께 군량미 31석을 가지고 왔으며, 박안동이 아들, 조카, 가동과 의사 50인과 함께, 군량 27석, 콩 8섬, 말 4필, 소 2마리 등 가지고 왔고, 김신남이 의사 59인, 군량 24섬, 예환 36개를 가지고 왔으며, 김성진이 의사 1백 85인, 군량 68석, 콩, 13석, 창검 98자루, 김란이 의사 80인, 군량 22섬, 장편전 예환 등의 물건을 가지고 왔고, 김명, 홍원 등이 의사 87인 가동17명을 거늘고 의곡 37석, 콩 5석, 말 7필, 소 한 마리, 장편전 33촉 전립 50개를, 윤황이 의병 89인을 데리고 군량 32석, 장편전 17촉을 가지고 와서 합세하였다.[59]

11월 14일부터 김제민 의사들을 거느리고 활쏘기 등 조련을 실시하는 가운데, 몇몇의 의사들이 합세하였다. 이날에는 김무철 등이, 15일에는 정충량, 김정, 박성 등이 군량을 싣고 왔으며, 16일에는 조여일, 유덕문, 이원개, 김국서 등이 와서 합세하였다.[60] 이에 따라 모집된 의병은 1천6백 51인이었으며, 의곡은 4백 96섬이었다.[61] 그런데, 이 때 파악되는 군기 등 기타 물자의 상황을 보면 그 종류와 양이 대단히 적어서, 과연 장성의병이 어떠한 무기를 얼마나 확보하였고 실제 어떠한 전투력을 가지고

---

59 『창의록』 권1, 「남문일기」, 만력 20년 11월 10일.
60 『창의록』 권1, 「남문일기」, 만력 20년 11월 14일~16일.
  『이계집』 권25, 長城南門倡義碑幷序.
61 『창의록』 권1, 「남문일기」, 만력 20년 11월 9일.

있었는지는 알 수 없다.

　마침내 11월 17일 장성 남문에 모인 의사들이 초단을 만들어 김경수와 김제민을 맞이하여 앉히고 중론에 의하여 김경수를 맹주로, 김제민을 대장으로 추대하고,[62] 또 각 사항과 유사를 정하여 군량과 군기 등을 맞게 함으로써 부사 기효간, 참모 김홍우, 종사 윤진, 의곡장 기효증으로 부서를 장성 남문의병의 결성이 이루어지게 되었다.[63] 이때 소모사 변이중이 와서 격려하였고, 다음날 서곤을 보내 도체찰사 정철에게 서곤을 보내 백성을 쉬게하고 넉넉하게 먹이는 것과 인재를 얻는 것이 오늘날의 급선무라는 글을 보내고 군사를 조련하였다.[64]

　전체적으로 볼 때 장성 남문창의에는 도내 열읍에서 모인 약 70여인의 선비들이 가담하였는데, 대체로 관력이 없었거나, 있었다고 하더라도 김경수와 같이 전직 관료 신분이었다. 이들은 사림의 출신지는 다르지만, 학연 혈연에 의하여 결속기반이 구축되어 있었다.

　장성 남문창의에 참여한 의병 지도자들의 지역적 분포를 살펴보면, 장성의 김경수, 김신남, 김극겸, 김극후, 기효간, 윤진, 정운룡, 김기수, 고창의 김홍우, 김중기·김덕기 형제, 서홍도, 홍덕의 서곤, 담양의 김언욱, 김언희, 정읍의 유희진, 태인의 이수일, 김후진, 김대립, 무안의 윤황, 나주의 김부, 김명, 김경남, 홍원, 김서, 무장의 김성진, 김란, 영광의 이응종, 광주의 이근,

---

62 『이계집』 권25, 長城南門倡義碑幷序.
63 『창의록』 권1, 「일기」, 만력 20년 11월 9일 및 17일.
64 『창의록』 권1, 「남문일기」, 만력 20년 11월 18일~19일.

기효증, 박경, 부안의 김억일, 함평의 정충량, 정득량, 전주의 이정란, 순창의 홍계훈, 남평의 서정원, 금구 송연춘 등이었다.

이 중에 창의를 주도한 김경수와 김신남은 하서 김인후의 종제였으며, 김극겸과 김극후는 김경수의 아들이었다. 그리고, 기효간과 윤진은 하서의 문인이며, 이수일은 일재 이항의 아들이고, 김제민과 김후진·김대립은 이항의 문인이었다.[65] 장성 남문 의병 참여자 중 학연이 분명한 18인 중 이항계가 5인, 김인후계가 4인, 기대승계가 3인, 김천일 계가 2인, 정철 윤두수 조헌 김장생계가 각각 1인으로 나타나있다. 여기서 보면 이항, 김인후 기대승 호남 출신 대유들의 영향을 받은 사림이 추축이 되었다는 점과 김천일계 2인을 이항계에 포함시킬 경우 18인 중 3분의 1일 넘는 숫자가 이항의 문하 혹은 그 영향을 받은 선비들이었다.[66] 이로 보면 장성 남문창의는 장성에 거주하는 김인후 가문의 인사들이 주도하는 가운데 하서 김인후의 문인과 일재 이항의 문인들이 적극적으로 가담함으로서 이루어진 것으로 보인다.

이상에서 살펴본 바와 같이 장성 남문의병의 주도세력은 대개 장성 정읍 고부 고창 등지 지역의 선비로서 일재 이항과 하서 김인후의 문인들이 중심이 되었다. 따라서 장성 남문의병은 하서 김인후의 집안은 물론 그 문인과 일재 이항의 문인들이 중심이 되어 인근 지역의 선비들이 참여하여 결성한 의병이라고 판단된다.

---

65 『창의록』 권2, 「제현사실」 해당 인물조 참조.
66 조원래, 「장성남문창의에서 본 임란의병의 일형태」, 『논문집』 제2집, 1983, 365쪽 참조.

3) 김제민 의병의 북상과 활동

남문회맹에서 의병대장으로 추대된 김제민은 11월 22일 군중에 명령하여 부모가 있는데 형제가 없는 자와, 나이 70이 넘는 자와 20이 못되는 자를 돌아가도록 하고, 군율을 엄하게 제정하여 흐트러짐이 없도록 대오를 갖춘 다음, 11월 24일 드디어 장성의 남문을 출발하여 북상길에 올랐다. 이 때 김제민과 함께 출정한 인물들은 김홍우, 김신남, 이수일, 윤진, 김부, 김경남, 류희진, 윤황, 홍원, 김언희, 박안동, 김극후, 김극순, 김성진, 김란 등이었으며, 거느린 의병은 1천6백 51인이었으며, 의곡은 4백 96섬이었다.[67]

장성을 떠난 김제민의 의병은 사거리에서 자고, 25일 천원에 도착하여 다음날 활쏘기 연습을 한 뒤 27일 태인을 거쳐 28일에 전주에 도착하였다. 29일에 마침내 여산에 이르러 자고, 12월 2일 황화정에 이르러 점열을 하였다. 이때 장성에서는 김경수와 김중기 등이 군량 3백석과 세모시 15필을 내어서 법성포에서 기효증에게 부쳐 행제소로 보내고, 1백석을 내어 영남의 곽재우 의병소에 보내었다. 그런데, 의병결성과정에서 군량 모집에 애로를 겪었던 의병진에서 군량 4백석을 어떻게 조달하여 보냈는지 알 수 없다. 김제민은 12월 4일 은진을 지나 이성읍에서 자고, 12월 7일 금강 장기점에서 자게 되었는데, 이 때 도체찰사 정철이 사람을 보내 위로하였다고 한다.[68]

---

67 『창의록』 권1, 「남문일기」, 만력 20년 11월 22일~24일.

김제민 등은 장기에서 습사를 하면서 며칠간 머물면서 홍계훈 박안동 박응춘 등을 청주 천안 온양 경계로 나누어 적정을 탐지하도록 하였다. 12일에 돌아온 홍계훈은 청주 서쪽은 위험한 상황이 많아 가벼이 범할 수 없다고 하였고, 박운이 천안에서 돌아 변이중 군이 수원 안성 사이에 주둔하고 있으므로 진군해도 된다고 전언하였다. 12월 13일 장기를 출발한 김제민 의병은 궁원을 거쳐 14일에는 덕평에 이르렀고, 12월 15일에 천안에 이르러 변이중에게 군사를 합하자고 제의하는 편지를 보냈으나 회답을 받지 못하였다.

12월 16일에 다시 홍계훈, 박운, 김경우 등을 시켜 적정을 탐지하게 하였는데, 12월 18일 홍계훈이 연기에 다녀와서 전하기를 '왜적들이 도로를 가로막고 마을을 노략질하고 있으니 경솔하게 진군할 수 없다'고 이르고 박응춘이 평택을 다녀와서 전하기를 '적도들이 이웃 고을로 흩어져 들어가서 길이 약간 트였다'고 전하였다.

김제민 의병은 박응춘의 보고에 따라 길이 트인 평택 방면을 향하여 출발한 것으로 보이는데, 12월 19일 직산에 이르러 처음으로 왜군과 전투를 벌이게 되었다. 여기에서 왜적 수백을 만나 제법 오랜 시간 전투를 벌여서 적 수십 급을 베었다고 하는데 왜군의 실체는 알 수 없다. 또한, 이 전투에서 아군의 피해 상황이 어떠했는지도 알 수 없다. 이 전과에 대해서 김제민이 '의병을 일으켜 몇 달 동안에 겨우 적도 수백을 베었으나 싸움의 성

---

68 『창의록』 권1, 「남문일기」, 만력 20년 11월 25일~12월 7일.

패는 알 수 없다'고 하였다.[69]

그런데, 김제민 의병은 북상하면서 왜군과 적극적인 전투를 피하면서 북상하였던 것을 보면 그들의 출동 목적이 경기 지역에서 활동하고 있던 권율의 전라도 군대와 합류하여 근왕활동을 하고자 하였던 것으로 판단된다. 그 때 권율은 웅치전투 이치전를 통해서 왜군의 호남침공군을 격파한 뒤 전라관찰사 겸 순찰사가 되어 전라도 군대를 거느리고 북상하여 수원 일대에서 활동하고 있었다.

반면, 왜군은 장기전에 따른 병력의 손실과 물자의 결핍에 따른 전세의 변화에 따라 전선을 축소하면서 병력을 경상도 지역으로 이동시키고 있었다. 그에 따라 금산성을 점령하고 호남을 위협하던 왜군이 9월 17일경 경상도로 철수함으로써 호남의 왜군의 위협에서 벗어나게 되자, 호남지방에서 일어났던 의병들은 주로 경상도로 달려가 활동하였다.[70]

그와 달리 김제민 의병은 근왕을 목적으로 경기도 지방으로 북상하였던 것으로 보인다. 이점은 당시 조정에서 경기 충청 전라도의 의병을 각도 순찰사에게 분속시키라는 조치가 있었던 점을 고려하여 볼 때 김제민의병도 경기지역에서 활동하던 전라도 순찰사 권율과의 합류를 목표로 북상한 것이 아닌가 한다.[71]

직산에서 왜군을 격파한 뒤 김제민은 12월 20일 의병을 거느리고 평택으로 진군하였다가 22일 진위읍에 진군하여 왜군의

---

69 『창의록』 권1, 「남문일기」, 만력 20년 12월 19일.
70 하태규, 「임란기 호남지역 의병운동의 추이」, 『전북사학』 32, 41쪽-53쪽 참조.
71 『선조실록』, 선조 25년, 11월 13일, 15, 16일.

정탐자 15명을 잡아서 13명을 참수하고 2명을 놓아 돌아가 예의의 엄함을 전하도록 하였다고 한다. 12월 23일에 오산점에 도착했을 때 박운 최보의 등이 정탐하고 돌아와서 적도들이 많이 준동하고 있어 진군이 불가하다고 전하였다. 이에 김제민은 진군을 멈추고 하루 종일 북을 치며 활쏘기를 연습하였는데, 이 때 수원산성의 아군이 의병의 도착을 알고 서로 연락하고 격려하였다. 12월 26일 유천점을 거쳐 27일 안성 경계로 진군하여 주둔하고 왜군의 남하를 막았다.[72] 김제민이 거느리는 남문의병의 활동은 왜군에 대한 적극적인 공격보다는 왜군의 남하의 길목을 차단하고 방어하는 활동을 한 것이 아닌가 한다.

『창의록』 일기에 의하면 이여송의 명군이 소서행장의 군에게 패하였다는 소식과 함께 경략 송응창이 대왜강화를 주장하고 있다는 소식을 접하고 군사를 돌려 남하하였다고 한다. 즉, 안성 부근에서 활동하던 김제민의 남문의병은 다음해인 1593년 1월 10일 소서행장 등의 왜군이 이여송에게 패하여 도망간다는 정보를 듣고, 이를 중도에서 공격할 계획을 세우고, 용인으로 진군하여 잠복하고 대기하였다. 그런데, 도리어 이여송이 벽제관에서 패했다는 소식을 듣고 실망하고, 이어서 송응창이 화의를 주장하게 되자, 김제민 등이 말하기를 군량이 떨어지고 군사들도 지쳤는데 더 머물러 보았자 무슨 이로움이 있겠는가 하고 군사들을 이끌고 남하하였다.[73] 결국 북상했던 김제민 의병은 여기

---

72 『창의록』 권1, 「남문일기」, 만력 20년 12월 20일~27일.
73 『창의록』 권1, 「남문일기」, 만력 21년 1월 10일; 『이계집』 권25, 長城南門倡義碑并序.

에서 남하 귀환을 결정하고 돌아오게 된다.

그런데, 당시 상황을 고려해 볼 때 김제민이 거느리는 장성의 병의 파병이유는 납득이 가지 않는다. 이여송이 거느리는 명군이 평양성을 탈환한 것이 1593년 1월 8일이며,[74] 이여송이 벽제관에서 패배한 것은 1월 27일 경이었으며,[75] 강화론은 이미 장성의병이 출정하기 전부터 대두되었지만, 본격적으로 논의된 것은 그해 3월 부터였다는 점을 고려하면, 남문 창의록의 일기의 정확성이 문제가 있음을 알 수 있다. 또한 평양성 탈환 후 도성탈환을 목표로 관군과 의병을 동원하려고 하였던 당시 조정의 의도와도 어긋나는 것이었다. 이러한 점에서 조원래 교수는 김제민의 장성의병의 실질적인 파병원인이 강화문제가 아니라, 폭설, 혹한, 군량결핍 등으로 의병활동을 계속할 수 없는 상황에 있었다고 추론하였다.[76] 결국 충의 정신으로 일어난 의병이지만, 전투력을 비롯하여 무기, 군량, 피복 등 현실적인 한계를 극복하지 못하고 철군한 것으로 생각된다.

그리하여 2월 초 2일에 유천, 초 3일에 수원읍, 초 4일에 오산점, 초 5일에 진위, 초 6일에 평택, 초 7일에 직산에 도착하여 서곤을 보내 열읍에서 모은 군량을 중도까지 보내도록 하였는데, 이로 보면, 의병진의 군량의 결핍이 심하였음을 알 수 있다. 초 8일에 천안, 초 9일에 덕평을 지나 11일에 금강에 이르렀고, 12일에 이성, 그리고 13일에 여산군계에 도착하여 박안동을 보

---

74 『선조실록』, 권34, 선조 26년, 1월 9일.
75 『선조실록』, 권34, 선조 26년, 2월 5일.
76 조원래, 「장성남문창의에서 본 임란의병의 일형태」, 『논문집』 제2집, 1983, 370쪽 참조.

내 남문에 서신을 보내 군양을 여산읍으로 보내도록 하였다. 이에 2월 17일 김경수가 의곡 72석을 모아 서곤으로 하여금 여산읍으로 운반하여 왔다. 창의비문에는 이때 여산에서 군량3천석을 기함재로 하여금 의주로 보냈다고 기록되어 있지만,[77] 이는 사실로 받아들이기 어렵다.

이때 유정과 낙상지 등의 명군이 운봉과 남원 등지에서 왜군의 퇴로를 지키고 있었는데, 이여송 송응창은 적과 강화를 꾀하면서 대병을 철거하고 우리 두 왕자와 붙잡은 배신들을 돌려보내도록 주장하였다. 이로 인하여 김제민 등은 각각 파하고 돌아왔다. 이에 따라 김제민의 의병은 커다란 전과 없이 1593년 3월 하순에 그 활동을 마치게 되었다.

그후, 명군이 남하하자 장성남문에서는 그해(1593년) 5월 말부터 김경수의 주도로 다시 흩어진 의병을 모아 의병을 결성하여 6월 7일 장성을 출발하여 동월 15일에 진주에 도착하고 고종후 군과 합세하여 진주성 전투에 참여하여 처절하게 싸우다가 많은 의사들이 전사하기도 하였다.[78] 그러나 김제민은 이 때의 남문의병진에는 참여하지 장성의병에 참여하지는 않았던 것으로 보이며, 정유재란 때에 다시 결성된 장성의병에 더 이상 참여한 것 같지 않다.

김제민이 장성 남문의병장이 되어서 북상하여 활동한 시기는 약 3개월 동안이었는데, 왜군와 대접전을 통한 특별한 전과를

---

77 『이계집』 권25, 長城南門倡義碑幷序.
78 『창의록』 권1, 일기, 정유년 8월16일~9월 10일; 『이계집』 권25, 長城南門倡義碑幷序.

거두지는 못하였다. 다만 12월 19일 직산에서 수백의 왜군과 접전 끝에 수십의 왜군을 참획한 전과를 올리고, 이어서 22일 에는 진위에서 적의 척후병 15명을 생포하였다고 한다.

이와 같이 당시 충청도 경기도에서 김제민 의병이 왜군과의 대접전이 없었던 이유에 대하여 조원래 교수는 1, 2차 금산성 전투의 격전 후에 오는 전선의 소강, 교착 상태 때문이 아니었을까 추측하였다.[79] 그러나 당시의 상황이 명군의 참전과 평양성 탈환 이후, 조선군과 명군이 왜군을 압박하고 있던 시기였다는 점에 이에 대한 검토의 여지가 있다고 보여진다.

4) 파병 이후 김제민의 행적

『창의록』에 의하면, 김제민은 의병을 파한 뒤 아들 엽에게 명하여 행재로 가서 왕을 모시게 하고, 흔을 보내서 권율을 돕도록하여 행주에서 선봉이 되어 세 번의 공을 세웠다고 기록하고 있다.[80] 그러나 행주대첩은 『창의록』에 수록된 날짜보다 앞선 2월 12일 경에 있었기 때문에 이 때의 일로 받아들일 수 없다.

그런데, 『창의록』기사에 의하면, 김제민은 의병이 파한 뒤에 지름길로 순창에 돌아와 군대를 훈련하고 군량을 모아, 적이 다시 호남을 침범한다는 소식을 듣고 남문으로부터 쫓아가 해남에 이르기까지 아홉 번 싸워 크게 무찔렀다고 기록하고 있다.[81] 그

---

79 조원래, 「장성남문창의에서 본 임란의병의 일형태」, 『논문집』 제2집, 1983, 369쪽 참조.
80 『창의록』 권1, 「남문일기」, 만력 21년 2월 17일.
81 『이계집』 권25, 長城南門倡義碑幷序.

러나 이러한 기록은 김제민이 순창군수의 직임을 갖고 있었다고 잘못 파악한 창의록 편찬자의 오기로 볼 수밖에 없다. 따라서 파병 후에도 김제민의 의병 활동이 어느 정도 지속된 것으로는 추측할 수 있지만, 구체적인 활동은 알 수 없다.

다만 이후의 김제민의 행적에 대하여는 그 묘갈명에 "계사년(1593)·갑오년(1594년)의 큰 흉년에는 사람들이 서로 잡아먹고 도둑질을 하였지만, 도둑이 그 무리들에게 불지르고 겁탈하는 것을 경계시켜 범하지 못하게 하였으므로, 공이 거처한 한 마을은 이것에 힘입어 온전하였다."라고 기록하고 있는 점으로 보아 김제민의 창의활동이 어느정도 지속되고 있었음을 알 수 있다.[82]

김제민에 관한 여러 기록에 의하면, 정유재란이 일어나자 김제민은 다시 의병을 모집하여 해남으로 적을 쫓아가 적의 소굴을 깨드려 다시는 육지로 올라오지 못하게 하였다고 하는데, 이 또한 그 활동상황이 명확히 나타나지 않는다. 그런데, 그의 묘갈명에 "정유년(1597년)에 왜적이 다시 쳐들어와서 그 기세가 등등하여 비를 몰고 오는 바람처럼 빨랐으므로, 공은 도망가다 바닷가에 이르러 거의 빠져나갈 수가 없게 되었는데, 홀연히 어부가 바다에서 나와 외쳐 부르기를, '순창공은 어디 계시오?'라고 하였으므로, 공은 드디어 온 가족을 거느리고 바다를 건너가서 환난을 면하게 되었다."[83]라고 기록을 보면 김제민이 실제 의병활동을 다시 재개하였다는 점은 의문이 든다. 현실적으로도 정

---

82 『동토선생문집』 권6, 軍器寺正金公墓碣銘.
83 위와 같음.

유재란기 김제민의 나이가 71세의 고령이기 때문에 의병활동을 전개하기가 어려웠던 것이 아닌가 생각된다.

그는 1599년(선조 32년) 2월 22일에 나이 73세로 서울에서 세상을 떠났다. 그의 신도비명, 시장 등 관련 자료에는 난이 끝난 후 안민지책 42조를 올렸다고 기록하고 있으며, 호남절의록에는 장차 바치려고 하였으나 이르지 못하고 세상을 떠났다고 기록하고 있다.[84] 이 소는 『오봉집』에 수록되어 있다.[85]

5. 맺음말

일재 이항의 제자의 한 사람인 오봉 김제민은 의성 김씨로 그 선대가 부여로 낙향한 후 그 조모가 고부에 터를 잡아 살기 시작하였다고 한다. 그의 외가는 부안 김씨로서 김제민은 외가인 부안에서 출생하여 어릴 때 고부로 들어와 성장한 것으로 보인다. 그는 어릴 때부터 일재 이항의 문하에서 수학하여 과거에 급제하여 벼슬에 올라 순창 군수를 거쳐 전라도사에 임명되었다가 사헌부의 탄핵으로 물러나 있었으며, 임란이 발발할 때 나이 66세였다.

임란 발발 직후 임금이 파천하고 도성이 함락되자, 김제민은 아들들로 하여금 격문을 돌리게 하여 삼례역을 거점으로 의병을

---

84 『호남절의록』 권2, 壬辰義蹟, 三運將金公事實.
85 『오봉선생집』 권2~권3, 進保邦要務疏.

일으켰다. 일란 초기의 호남의병의 주축은 나주의 김천일, 담양의 고경명, 그리고 삼례를 중심으로 일어난 김제민이 이끄는 세 주류가 형성되었는데, 이에 따라 김제민은 3운장으로 불리게 되었다.

김제민은 근왕을 목적으로 북상코자 하여 의병을 거느리고 고산까지 올라간 것으로 보인다. 그러나 북상을 계속하던 왜군이 호남으로 침공해오고 금산성이 함락당하고 호남이 위기에 처하자 김제민은 웅치로 달려가 김제군수 정담, 나주판관 이복남, 해남현감 변응정 등이 거느리는 호남지역의 관군과 함께 진안에서 전주로 공격해 오는 왜군을 막아 싸웠다. 이 전투에서 김제군수 정담 이하 많은 관군과 김제민의 아들 안을 포함한 의병들이 전사하고 웅치가 적의 수중에 들어갔지만, 이 싸움에서 호남의 관군와 의병은 사투를 전개하여 왜군의 전력을 약화시킴으로써 이어지는 안덕원에서 동복현감 황진 등이 이를 격퇴하여 호남을 지켜낼 수 있었다. 따라서 임란초기 호남방에 있어서 김제민의 역할이 적지 않았음을 알 수 있다.

웅치전투 후 돌아온 김제민은 다시 의병을 거느리고 근왕하고자 하였으나, 뜻을 이루지 못하고 두 아들로 하여금 병력과 군량을 모아 의주 행재소로 가도록 하였다. 향촌에 남아 있던 김제민은 장성 남문 창의에 참여하여 의병장으로 추대되어 장성 남문의병을 지휘하여 경기도 용인까지 북상하여 약 3개월 활동하였지만, 주목할 만한 전과는 거두지 못하였다. 경기도에서 활동하던 김제민이 지휘하는 장성의병은 계사년 '이여송의 군대가 소서행장에게 패히고, 경락 송용창의 강화추진'의 소식을 접하고 파군하고 돌아왔다.

　이후 김제민이 의병활동을 전개하였다고 할 행적은 드러나지 않는다. 정유재란이 발발하였을 때 그는 피난길에 올랐다가 돌아와 안민지책 42개 조항의 방대한 상소를 올리고자 하였으나 뜻을 이루지 못하고, 1599년(선조 32년) 2월 22일에 나이 73세로 서울에서 세상을 떠났다.

일재—齋의 제자들로 임란에 참여한 도강김씨들
: 김후진, 김대립, 김복억을 중심으로

김진돈
전라북도 문화재 전문위원

1. 서언

조선 사회는 1592년 임진왜란과 1598년 정유재란으로 인하여 커다란 문화적 충격을 겪었다. 조선 팔도는 전쟁으로 인하여 나라의 운명이 풍전등화風前燈火와 같았고, 그 가운데 곡창지대인 호남湖南의 피해는 매우 극심하였다.

그러나 호남인들은 이러한 어려운 상황에서도 오직 나라를 구하겠다는 신념으로 가득 찼고, 학자와 지식인들이 의병을 모집하여 적진敵陣에 뛰어들어 몸을 불살랐다. 호남의 의병은 자신의 몸만 뛰어 드는 것이 아니라, 아들과 식솔 그리고 본인이 소유하고 있는 많은 재산을 투여하는 것 이다. 전쟁에서 가장 중요한 것은 군수품과 식량이 뒷받침이 되지 않으면, 단 하루도 싸울 수 없고 더 나아가 승리할 수 없다.

호남의병은 나라가 있으려면 우리가 사는 이 땅을 지켜야 한다는 확고한 의식을 가지고 선두에서 솔선수범하였다. 이러한 충忠과 절節의 정신은 하루아침에 나오는 것이 아니고, 훌륭한 지도자의 가르침과 이를 받아들이는 지역민의 의식이 혼연일체 渾然一體가 되어야 하는 것이다. 즉 임진왜란이 일어나기 전 호남에서 훌륭한 교육을 시킨 학자가 있어 많은 제자를 양성했는데, 이 분이 바로 일재一齋 이항李恒이다.

일재一齋는 보림산 아래인 태인현 북면(현 남고서원 부근)에 우거하면서 당대의 많은 학자들과 교유하고 후학들을 가르쳤는데, 학문도 중요하지만 시대의 흐름을 파악하는 학자로서 지식과 실천의 언행일치를 강조했다. 그래서 그의 문인들 가운데 임진왜란과 병자호란을 당하여 크게 이름을 떨친 사람이 많다.

일재선생유집 제3권(부록) 문인록을 보면 건재 김천일, 오봉 김제민, 도탄 변사정 등이 크게 활약한 사항이 적혀 있고, 물재 안의와 한계 손홍록은 태조 어진과 실록을 받들고 전주 사고에서 내장산 용굴암으로 무사히 봉안한 인물이다. 또 도강김씨인 율정 김복억, 원모당 김후진, 월봉 김대립 등의 의병활동이 기록되어 있다.

이번 논고는 일재의 제자 중에서 의병활동을 한 사람이 많지만 주체측에서 도강김씨 3사람을 거론하면서 원고청탁을 하였다. 이에 김후진, 김대립, 김복억을 중심으로 그의 후손들이 어떻게 의병활동을 하고 년년세세 절의정신이 이어져 오는가를 살펴보고자 한다.

본 논고는 일재의 남고서원과 위에서 열거한 도강김씨 3분의 의병활동 자료를 중심으로 다루며, 그의 묘소와 사당을 찾아 비석을 살펴보고 후손들이 가지고 있는 고문서를 통하여 접근해보고자 한다. 비록 시대의 흐름으로 인하여 많은 자료가 유실된 점은 안타깝지만 현재 집안에서 후손에게 전하는 자료를 통하여 그분들의 정신을 조명하고자 한다.

2. 일재 이항의 교육관과 제자들

일재 이항(1499(연산군 5)~1576)년 서울 신혼동晨昏洞에서 태어났다. 그의 본관은 성주星州이고 자는 항지恒之, 호는 일재一齋이다. 시호는 문경文敬이고 아버지는 의영고주부 자영自英이며, 어머니는 완산최씨 소경전참봉 인우仁遇의 딸이다.

그는 어려서부터 품성이 강직하고 호탕한 가운데 용력勇力이 뛰어나 말타기, 활쏘기를 익혀 무관武官으로 큰 뜻을 이루려 하였다. 그런데, 27세 되던 해 백부伯父 판서공判書公의 교훈을 받아 학문에 깊은 뜻을 두고, 사서四書를 공부하였다. 특히 주희의 백록동규白鹿洞規[1]를 읽고는 더욱 분발하여 도봉산 망월암에 들어가서 수년을 독학하고 깨달은 바가 컸다.

주자가 지은 백록동규를 보면 "이는 이치理致를 궁리窮理하는 요결要訣로 삼고서 독행하여야 하는데

첫째, 말은 충성스럽고 믿음 있게 하고, 행실은 돈독敦篤하고

---

[1] 남송 때 주희가 강학을 하면서 만든 규약으로 학문하는 이유는 수신(修身)한 후에 남에게 미치도록 하는데 있음을 강조한 글.

경건敬虔하게 하라.

둘째, 분노는 삼가고 욕망은 억제하며 잘못을 회개하여 착한 마음이 되게 하라.

셋째, 뜻을 바르게 세워 권모술수를 쓰지 말고 사리私利를 도모치 말라.

넷째, 도를 밝혀 공功을 세움을 계산計算하여 대가代價를 바라지 말라.

다섯째, 행하여 얻지 못한 것은 남의 탓이 아닌 내 탓으로 삼으라는 내용이다." 즉 백록동규의 요체는 "옛날의 성현이 사람들을 가르쳐 학문을 하게 한 뜻은 어느 것이나 다 의리義理를 강명講明함으로써 자신의 몸을 닦은 다음에 그것을 미루어 남에게까지 미치게 하려는 것이지, 한갓 낡은 것을 외는데 힘쓰고 문장을 일삼음으로써 명성名聲이나 구하고 이록利祿이나 취하려는 것이 아니었다."라는 내용이다.

일재는 송당 박영을 스승으로 모셨는데 송당은 일찍부터 백록동규해白鹿洞規解를 지었는데, 즉 오교지목五敎之目, 위학지서爲學之序, 수신지요修身之要, 처사지요處事之要, 접물지요接物之要이다. 이 다섯 편은 인륜의 근본부터 시작하여 도체導體의 표준으로 미루어나가, 치국治國하는 방도와 하은주 삼대의 손익損益에 대해 설명하고 있다. 여기서 송당은 신당 정붕의 문인이고, 신당은 한훤당 김굉필金宏弼의 문인다. 따라서 일재는 한훤당의 학맥을 이었다고 볼 수 있다. 소학동자라 불린 김굉필은 고려 말의 정몽주에게서 비롯된 학통이 길재・김숙자・김종직에게 전해진 유학의 도봉을 이어받은 적자이다.

일재는 을사사화가 일어나기 몇 년 전에 전라도 태인으로 내려와 스스로 농사지으면서 어머니를 봉양하고 위기지학爲己之學에 전념하였다. 그는 송나라 호굉胡宏의 말인 "학문은 넓게 하되 잡되지 않아야 하며 요약하되 비루하지 않아야 한다."고 하였고, 특히 대학을 깊이 연구하였고, "학문을 쉬지 않으면 모든 이치가 저절로 통한다"고 하였다. 또한 역학에도 깊은 관심을 가져 10여 년간 깊은 연구를 하였다.

〈그림 1〉

1539년(중종中宗 34년年) 칠보산 아래 서재를 세우고 강학소를 운영했는데, 건물에는 일자一字의 액자를 붙여 놓아 세인들이 이 서재를 일재라 불렀다 한다. 지금은 강학소 자리를 표시하는 암각서 한 점이 있는데, 커다란 화강암 바위에 해서체로 문경공일재이선생강마소文敬公一齋李先生講磨所 숭정기원후오임오육월일崇禎紀元後五壬午六月日이라 새겼다. 위의 내용으로 보아 1882년에 뜻있는 사람들이 일재선생의 강마소 자리를 표시하기 위하여 작업한 것으로 볼 수 있다.

일제는 한일자와 관련이 많다. 한번은 사정전思政殿의 명종대왕 어전御前에서 학문을 논하는데 "도심道心은 성명性命에 근원하고, 인심人心은 형기形氣에서 나오는 까닭에 두 가지를 자세히 살핀다면 하나이니 하나를 지키는 것이 근본이다."라고 했다.

그리하여 아들의 이름도 일자一字를 붙여 덕일德一, 수일守一 이라고, 본인도 호를 일재, 수일재守—齋라고도 불렀던 것이다. 즉 한 일[一]자는 단지 하나만을 의미하는 것이 아니며 전체를 하나로 꿰뚫는 한일자(일이관지—以貫之)를 의미하고 있는 것이다.

일재는 당시의 대학자인 고봉 기대승, 하서 김인후, 소재 노수신 등과 교유하면서 학문의 질을 높였다. 성리학에도 조예가 깊어 이기理氣를 논함에 있어 이理와 기氣, 태극과 음양을 일체라고 주장하여 퇴계학설과 다른 노선을 걸었다.

1566년(명종明宗 12년) 5월 명종대왕은 국내에서 이조吏曹·예조禮曹에 명하여 경명행수經明行修(경학에 밝고 행실이 착함)에 고명한 학자를 천거하라하니, 그 천거된 인물 중 한사람이 바로 일재—齋였다. 그리하여 첫 번째로 추천되어 사축서사축司畜署司畜에 임명되었고, 의영고영義盈庫令을 거쳐 임천군수林川郡守가 되었는데, 부임할 때 왕이 방한구를 하사하였다.

1567년 일재의 병세가 위독하자 관직을 사퇴하고 태인으로 내려가자, 임금이 직접 의원을 보내 치료까지 했다. 1574년에는 사헌부장령을 거쳐 장악원정掌樂院正을 지냈으나 병이 악화되어 끝내 1576년 6월 22일 78세를 일기로 세상을 떴다. 조정에서는 전라관찰사全羅觀察使에 명하여 크게 예우禮遇하는 가운데 장례가 치러졌다. 뒤에 일재는 이조판서에 추증되었고 태인의 남고서원에 배향되었다.

남고서원에서는 일재—齋 이항李恒, 건재健齋 김천일金千鎰 두 분을 배향配享(공신功臣이나 학덕이 높은 분의 신주神主를 모시는 일)했고, 1685년(숙종肅宗 11년年) 4월에 남고서원이라는 사액이 내려졌다. 이후 1871년(고종高宗 8년年) 조령朝令에 의하여 이 서원은 철거되었

〈그림 2〉 일재선생문집 목판   〈그림 3〉 강수재 편액(송시열 글씨)

는데 그 뒤 1899년에 강수재를 중건하고, 1927년에 서원을 복원하면서 일재의 제자인 김점, 김복억, 김승적을 추배한 후, 1974년에 소산복을 추배했다.

남고서원에는 송시열이 초서로 쓴 강수재 편액이 있는데, 글씨의 필획과 포치가 잘 구성되어 있어 많은 사람들이 좋은 글씨라고 칭찬을 한다. 또 바로 옆에는 일재의 시가 주련으로 붙어 있다.

일재의 문인에 대하여는 문헌 등의 소실되고, 남아 있는 것들이 소략하여 모두 알 수가 없으나, 일재선생유집 문인록을 보면 김천일金千鎰 유몽학柳夢鶴 김점金岾 김제민金齊閔 변사정邊士貞 기효간奇孝諫 한윤명韓胤明 유연柳延 백광홍白光弘 송림宋琳 남언진南彦縉 송공필宋公弼 신석린申石潾 유승춘柳承春 김복억金福億 신보 안의安義 신개申漑 김후진金後進 안황安璜 김대립金大立 정언제鄭彦悌 손홍록孫弘祿 오개吳玠 김승적 유인柳忍 조장운趙長雲 서극홍徐克弘 안창국安昌國 유홍원柳洪源 조장희趙長熙 유영겸 윤권尹權 유영근柳永謹 김현金現 김승서金承緖 김현용金見龍 윤근尹根 김극인金克寅 박세림朴世琳 소산복蘇山福 황원(42명)이 기록되어 있고,[2] 1999년 4월 정읍에서 일재의 학문과 사상, 호국정신 등의 학술대회 때에 박문기에 의해 아래 인원이 추가되었다.

즉 유승겸柳承謙 신급申岌 심종민沈宗敏 허성許筬 허봉許篈 박광옥朴光玉 방응현房應賢 조대성趙大成 한호겸韓好謙 양산숙梁山璹 남언기南彦紀 남언경南彦經 김영정金永貞 심집沈集 신옥申沃 김섬金暹 등이다.

특히 이들 문인 가운데 임난 때의 의병활동 등으로 구국운동에 참여했던 대표적인 인물로는 김천일, 김제민, 변사정 등이 있고 손홍록孫弘綠과 안의安義를 거론하지 않을 수 없다.

손홍록과 안의는 일재의 문인으로 임난이 일어나자 함께 군량 3백석과 목화 천 여 근, 지물 등을 거두어 행재소와 의장 민여운閔汝雲의 진영에 보냈다. 또한 왜적이 전주에 근접 할 적에 경기전慶基殿 참봉參奉인 오희길吳希吉과 의논하여 태조의 영정과 조선왕조실록을 정읍 내장산의 용굴암龍窟庵에 옮겼던 것이다. 이후 아산의 객사에 임시 봉안한 후 의주로 가서 선조를 알현하게 되었다. 이에 조선왕조실록을 보존한 용굴암 터가 문화재적 가치가 높아 2015년 7월 17일에 전라북도 기념물 제130호로 지정되었다.

이 논고에서는 일재의 문인들 중에서 임진왜란 시 의병창의 한 김후진, 김복억과 김대립에 대해서만 제시하고자 한다.

---

2 이항·권오영 역, 『국역 일재선생문집』, 일재선생문집국역추진위원회, 2002, 164~172쪽.

3. 일재의 제자인 도강김씨들

명문가의 집안이란 고을이 흉년일 때 구휼救恤에 힘쓰고, 국가에 위기가 올 때 의병을 모아 벼리를 세우는데 힘써야 한다. 이때 군자금을 모아 병사들이 마음껏 배불리 먹을 수 있도록 하며, 창칼을 들고 적진에 뛰어들어 국가에 몸을 바치는 것을 주 임무로 해야 한다.

정읍의 도강김씨들은 나라가 위기에 처할 때, 다른 집안들보다도 나라를 위해 많은 사람이 투신하였다. 임란만 보더라도 김후진과 아들 지백, 김복억과 동생 김경억, 김대립 등이 활동했으며, 정유재란 때도 김명과 아들 의립은 문경 조령에서 모두 순절하고 만다.

이후로 시기를 달리하며 지속적으로 병자호란, 무성서원 병오창의, 일제항일운동 등이 이루어졌다. 1627년과 1636년의 호란 때도 칠보의 도강김씨들은 외적의 침입에 나라를 위해 창의하였으니, 김관·김정·김계종·김기종·김우민·김득용 등을 들 수 있다. 즉 도강김씨의 정신은 개개인의 안위가 중요한 것이 아니라, 나라가 위급할 때 형제들과 또는 자식을 데리고 동참한다는 점이다.

1) 태인 도강김씨 입향조

도강김씨 태인 지역의 입향조는 조선조 태조의 치세에 큰 역할을 한 조선초 개국일등원종공신에 녹훈錄勳된 김회련의 부인 예천이씨와 관련이 있다. 예천이씨는 남편인 김회련이 관사에서 갑작스럽게 죽자(왕자의 난으로 추정), 고향인 강진으로 내려가다 너무 힘들어 도중에 태인 지역에 머무르게 되었다 전한다.

〈그림 4〉 김회련 왕지(공주목사)

1395년에 김회련이 받은 개국원종공신녹권開國原從功臣錄券은, 1966년 보물 제437호로 지정되어 칠보 도봉사에 보관하였고, 2013년에 도강김씨 종중에서 정읍박물관에 녹권과 왕지 등을 기탁하여 시민들이 관람 할 수 있도록 하였다.

그래서 예천이씨 부인은 태인 칠보에 터를 잡고 아들 김덕방은 증조부인 중시조 김원경과 아버지인 김회련의 유지를 받들어 무관으로써 활약하게 되었다. 덕방의 손자 윤손은 희윤, 희열, 희석이란 아들을 두었고, 그 후손들이 이곳 칠보지역에 살면서 나라에 위기가 올 때 적극적인 의병활동을 하고, 평상시에는 고을의 향약보급과 학문탐구에 매진하였다.

김복억의 증조 윤손은 정극인의 사위가 되고 윤손의 삼자 희석이 송연손의 사위가 되는 등 태인현에서 가장 명망있는 양반가문과 혼인관계를 맺어 갔다. 도강김씨의 흥성의 기틀은 윤손의 아들과 손자대에 마련되었다. 윤손은 희윤, 희열, 희석 3자를 두었는데, 희윤은 생원시를 거쳐(1485년) 광주목훈도를 지냈고, 희열은 해주판관을 지냈다. 희윤은 약회와 약허를, 희열은 약눌, 약우, 약휴, 약노, 약침으로 희석은 약현, 약묵, 약무를 두었는데,

이 가운데 약회, 약허 형제는 생원시에 동방 입격했고, 약침이 무과를 거쳐 만호를 지냈으며, 약현이 진사시에 입격했고, 약묵이 문과를 거쳐 사헌부집의 등을 역임했다. 또 약휴와 약무는 각각 순능과 정능참봉을 지냈다. 16세기 초중반에 8세손 10명 중 7명이 과거 및 관직에 진출하는 성과를 거둔 것이다.[3] 그래서 도강김씨들은 가문의 흥성을 불러온 이들을 '삼희칠약三希七若'이라고 부르고 있다.

이 가운데 김약회는 태학에서 수학하던 중 을사사화 때 낙향하여 칠보에 한정을 짓고, 여기에서 이황, 김인후, 이항 등과 교류했던 인물로 유명하다. 김약회가 이들과 주고받은 시가 금능세고[4] 속 한정유고에 남아있다.

여기서는 일재의 문인인 희윤의 증손자인 대립과 희열의 손자인 후진 그리고 희석의 손자인 복억에 대하여 살펴보기로 하겠다. 순서는 문집에 적힌 순서를 따랐다.

2) 벼슬을 버리고 의병을 모집한 율정 김복억

김복억(1524~1600)은 조선 중기 문신으로 자는 백선伯善이고, 호는 율정栗亭·사우당四憂堂이다. 본관은 도강道康이며, 전라도 태인현泰仁縣 고현내古縣內(현재 정읍시 칠보면)에서 태어났다. 그는 개

---

3 이진영, 『동학농민전쟁과 전라도 태인현의 재지토족 – 도강김씨를 중심으로』, 전북대학교 대학원 박사학위 논문, 1996, 33쪽.
4 금능세고는 2권으로 되어 있는데 도강김씨 한정(김약회), 시암(김원), 월봉(김대립), 명천(김관), 허곡(김행건)에 대한 유사(遺事)를 기록한 책

국공신開國功臣 김회련金懷鍊의 후손으로, 부친은 성재誠齋 김약묵金若默이다.

한산군수 김약묵은 하서 김인후와 함께 윤진안의 사위다. 윤진안의 자제들이 매사냥(꿩고기)을 하여 두 사위에게 대접하였는데 살과 뼈에 차등이 있었다. 이에 성재誠齋는 고기를 찢어버리고 십 년 동안 열심히 책을 읽어 1540년(중종 35년 경자별시)[5] 과거에 하서보다 더 우수한 성적으로 등과하였다.[6] 즉 하서전집 제12권에는 통정대부 양주목사 김공묘명(김약묵)이 기록되어 있으며, 이때 하서는 옥과현감시 글을 지은 것으로 볼 수 있으며, 제4권에서 여김태용형논시與金太容(약묵의 자)兄論詩를 남겨 손아래 동서 답게 형의 칭호를 사용하고 있다. 또 전주부윤을 했던 면앙정 송순이 지은 묘갈명과 행장이 면앙집에 전하고 있다.

도강김씨 족보를 보면 김회조(시조) - 원경(1세) - 주(2세) - 회련(조선개국공신, 충민공) - 덕방(4세) - 석정(5세) - 윤손(6세, 장인 정극인) - 희석(7세, 장인 송연손) - 약묵(8세) - 복억(9세)로 연결된다.

김복억은 일재一齋 이항李恒의 문인으로, 남명南溟 조식趙植·송강松江 정철鄭澈·고봉高峰 기대승奇大升 등과 교유하였고, 1569년(선조 2) 효행으로 천거되어 목청참봉穆清參奉이 되었다가 경기전 참봉慶基殿參奉으로 옮겼다. 1573년(선조 6) 사마시司馬試에 합격하였으며, 회덕현감懷德縣監·사옹원판관司饔院判官·창평현령昌平縣令·김제군수金堤郡守 등을 역임하였으나 임진왜란이 일어나자 벼슬을

---

5 송준호·송만호 편저, 『조선시대 문과백서』(상), 삼우반, 2003, 226쪽.
6 김균·김광호 역, 『대동천자문』, 푸른숲, 1994, 196쪽.

그만두었다. 즉 김제군수를 1591년에서 1592까지 했으며, 후임으로는 정담이 왔다. 후임 정담은 금산을 거쳐 전주로 들어오는 왜군을 웅치에서 막다 장렬히 전사한 분이다.

김복억은 스승인 일재 이항이 1576년 돌아가시자 만사를 지으며, 어려서 문하에 들어가 도道를 물었는데 앞으로 누구에게 물을지를 한탄한 시를 남긴다.

만사挽詞

摳衣門下自童初	문하에 어린아이 때부터 옷을 추미고 들어가
誘掖諄諄善敎子	나를 곁에 두고 정성스럽게 잘 가르쳐주셨네
頑質變化容接裏	완고함이 변화하여 용모가 밖으로 들러나니
大要粗得講論餘	대요를 성글게 얻어 강론한 나머지네
晩承召命來金闕	만년에 소명을 받들어 대궐에 이르렀고
時與南溟枉草廬	때로 남명과 함께 草廬에 왕림했네
天不憖遺堪慟哭	하늘이 선생을 남기지 않아 통곡을 견뎌야 하니
道將誰托淚交如	장차 도를 누구에게 의탁해야 할지 눈물만 흐르네

門人敦寧府奉事金福億문인 돈녕부 봉사 김복억

즉, 김복억은 스승의 정신을 이어받아 1592년 임진왜란이 일어나자, 재종제인 군자감 직장 김후진과 아우인 주부 김경억, 종인 김대립, 김지백과 그리고 이수일, 안의 손홍록, 정사겸, 송창 등과 더불어 군사를 모집하고 군량을 수집하여 여러 진중에 보냈다. 스스로 당호는 사우당四憂堂이라 불렀는데 사우란 신우身憂·도우道憂·군우君憂·민우民憂를 뜻하였다. 즉 당호를 통하여 그가 얼마나 나라를 걱정하고 백성을 사랑하는가를 알 수 있다.

의병을 모집한 기록이 이재 황윤석이 찬한 원모당 김후진 행장과 물재 안의安義의 행장에 나타나고 신경준이 찬한 여암유고에 나타나고 있다. 이재유고[7]의 물재 안의 행장을 보면 고향인으로 전군수 김복억과 전주부 김경억, 사재 김후진과 아들 지백, 월봉 김대립 등이 모병했다는 내용이 기록되어 있다. 그는 이후 금구현령을 1593년에서 1595년까지 했으며, 통정대부 행 홍주목사를 했고, 다시 이천부사利川府使에 제수除授되었으나 부임하지 않았다.

김복억의 묘소는 정읍 옹동면 수천동에 있는데 위에는 아버지 김약묵의 묘소가 있다. 묘비는 1959년에 새웠는데, 글은 김균이 짓고 전면은 송기면이 후면은 후손 김용기가 썼다. 또 바로 우측

〈그림 5〉

에는 통훈대부홍주목사 율정栗亭 김공묘갈명이 있는데 김택술이 찬하고 여산 송성룡이 썼다.

---

7 이재유고

萬曆壬辰四月. 倭賊猝至. 大駕西狩. 六月公與同縣孫公弘祿大募義兵及穀. 卽同門友也. 鄕人前郡守金公福億及弟前主簿慶億, 思齋金公後進及子知白, 月峰金公大立, 李先生子守一, 鄭思謙, 宋昌, 官奴莫終. 一時響合. 於是列邑粟帛. 咄嗟輻輳. 上自行在. 下達高公敬命, 崔公慶會, 閔公汝雲三大將. 長弟取給焉. 會賊入錦山郡, 窺全州府. 府中慶基殿太祖御容. 史庫所藏祖宗實錄. 廩廩有朝夕之虞. 本道觀察使李洸, 都事崔鐵堅, 參禮察訪尹趌, 參奉吳希吉, 柳訒等僉謀. 移安于井邑縣內藏山.

이러한 김복억의 충의정신을 기리기 위해 1927년 전라북도 정읍井邑 북면北面에 있는 남고서원南皐書院에 배향되고 있다.

3) 임진왜란시 많은 재산을 바친 원모당 김후진

자는 비승丕承, 호는 원모당遠慕堂·사재思齋 또는 연담蓮潭이며 본관은 도강이다. 전라도 태인泰仁 출신으로 김회련金懷鍊의 후손이며, 이항李恒의 문인이다.

도강김씨 족보를 보면 김희조(시조) - 원경(1세) - 주(2세) - 회련(조선개국공신, 충민공) - 덕방(4세) - 석정(5세) - 윤손(6세) - 희열(7세) - 약우(8세) - 후진(9세)로 연결된다.

임진왜란 때 국가의 존망이 촌극을 다툴 때 도강김씨 중에서 의연히 일어난 사람은, 김후진과 아들 김지백, 김대립과 김충노, 김충남 등을 들 수 있다. 그는 일재一齋를 스승으로 섬겨 경서를 궁구하여 염락濂洛과 여러 책을 통하였다. 만년에 주역 읽기를 즐거워하니 기예技藝를 통달하여 일의 기미幾微를 미리 알아차리게 되었다. 정여립이 혼인을 청하자 공이 완강하게 거절하니 여립이 유상대에 이르러 공을 초대하였으나 또 병이라 칭하고 사양하여 가지 않았다. 그의 간사함을 꿰뚫어 보는 밝음이 요부堯夫(송宋나라 소옹邵雍의 자)가 돈서惇恕를 대함과 같았다.

임진왜란에 연평延平 이귀李貴가 장성에서 창의하니 공은 당질 대립大立과 함께 남문에서 동맹하였다는 내용이 '남문창의록'에 수록되고 장성 '남문창의비'에 새겨져 있다. 공은 북쪽을 바라보고 통곡하며 말하기를 "군부君父가 몽진蒙塵하여 승여乘輿가 파월

播越하였으니, 비록 벼슬자리에 있지 않다 할지라도 어찌 안연할 수 있겠느냐?"하였다. 계사년에는 가동家僮 100여 명을 거느리고 용만龍灣에 근왕勤王하였다.

그는 "배에 군량을 실어 행조行朝에 드리고, 솜 300근을 운반하여 명나라 군사를 입히고, 창의하여 병사를 모집하였으나 애쓴 공을 마음에 두지 아니하여 벼슬을 사양하고 은거하였으니 스스로를 자랑하여 그 지키는 바를 남에게 내보이지 않았다. 또 근본을 따지어 연구 하며 뿌리인 조상에게 보답하고 서민으로 돌아가 쉬었으니 실천함과 말한 것이 진실로 법이 될 만하며 이 모두는 하는 바 없이 한 것이다."라 하였다.

또 장자 지백知白·종질 대립大立과 더불어 의병과 군량을 모으고 또 스스로 곡식을 내어서 해로海路를 따라 행조行朝에 바쳤다. 또 군량을 나누어 고제봉高霽峰과 여러 의병장에게 보내니 이 또한 수백 포였다. 이에 조정에는 특별히 군자감 직장軍資監直長으로 제수하였으나 사양하고 나아가지 않았다.[8]

김후진은 흉년을 당하면 곡식을 내어 궁핍한 사람을 구제하고 양식을 보내어 집마다 진휼하니, 큰 솥에 밥을 지어 사람마다 죽粥이라도 먹지 않은 사람이 없으니 고을 사람들이 이재민에게 죽을 제공한 곳을 지금도 부전釜田마을이라 부른다(매창의록 35쪽).[9]

---

[8] 전북역사문화학회, 『전라북도금석문대계(정읍)』, 신아출판사, 2010, 132쪽.
[9] 창의록(계축년 권순명 서문) 35쪽 "每當荒歲置釜於野田日以餉餓者鄉人至今呼其田日釜田"

궁한 사람들이 스스로 자신을 팔자 공은 그 값을 주고서 그 문서를 불태우며 말하기를 "죽음을 가엾이 여겨 목숨을 보존하게 하였으니 또 어찌 노복으로 여기리오." 하였다. 공이 돌아가신 후 수십 년에 또 큰 흉년을 만나니 그 사람들이 스스로 복역服役을 청하는 자가 100여 명이 되었으나 그 아들이 아버지의 남긴 뜻으로서 이를 물리쳤다.

〈그림 6〉 원모당유허비(칠보)

원모당 김후진유허비는 칠보면 남전마을 남쪽 끝자락에 건물의 구조가 아주 독특하며, 고풍스런 비각안에 유허비가 세워져 있다. 비문은 성균관 제주 홍직필이 찬하고 성균대사성 김수근金洙根이 썼다. 또 실학자 이재 황윤석이 그 행실을 기록한 글이 있다.

원모당 김후진의 아들 김지백은 효성이 지극하고 친상親喪에 시묘살이를 하였다. 임진왜란이 일어나자 재종숙인 복억 등 10인과 함께 군사를 모집하고, 군량을 거두어 행재소에 보내고 여러 의병장의 진중에도 나누어 보냈다. 1603년에 무과에 급제하여 벼슬이 우후虞侯에 이르렀다.[10]

김균이 지은 태산고현동약비에는 "향약의 옛 법규를 따르는 자들이 대대로 적지 않았는데 눌암訥菴 송세림宋世琳이 이를 서술

---

10 김진돈, 『도강김씨 동정공파 기탁유물과 조선시대 문중문화「조선조 개국공신 김회련과 도강김씨 후손들」』, 하나칼라, 2014, 114~115쪽.

<그림 7> 고현향약 서문

<그림 8> 고현향약 상선록

하였고, 원모당遠慕堂 김후진金後進이 이를 윤색함으로써 아울러 백세에 높이 받들 수 있는 바탕을 마련해 주었다. 이 때문에 이 고을 산천은 이를 힘입어 아름다움이 더하였고, 수많은 인물들이 배출되었다."라고 하였다.

그는 경학에 밝았고, 특히 역학易學을 깊이 연구하였다. 김후진은 1609년 불교사찰인 용장사에서 족보편찬을 도모하였다고 전한다(원모당행장, 황윤석). 그는 군기시정軍器寺正에 추증되었다가 이후 고종 때 호조참판戶曹參判에 추증되었다. 전라북도 정읍시 칠보면 시산리에 있는 남천사藍川祠와 전라남도 장성군 북이면 모현리에 있는 오산창의사鰲山倡義祠에 봉향되었다.

4) 장성 남문창의에 앞장선 월봉 김대립

김대립(1550~?)은 도강道康, 자는 신부信夫, 호는 월봉月峰 또는 쌍백당雙柏堂으로 한정 약회의 손자이며 직장 원元의 아들이고 김관金灌의 아버지다. 도강김씨 족보를 보면 김희조(시조) - 원경(1세) - 주(2세) - 회련(조선개국공신, 충민공) - 덕방(4세) - 석정(5세) - 윤

〈그림 9〉 호호정유허비

손(6세) - 희윤(7세) - 약회(8세) - 원(9세) - 대립(10세)로 연결된다.

일찍 일재一齋의 문인으로 덕행이 있어 사포서司圃署 별제別提를 제수 받았다. 그리고 향리鄕里 성황산城隍山 동쪽에 호호정浩浩亭을 세워 문우文友들과 학문을 강론하였는데, 때마침 정여립鄭汝立이 그 근처에 정자를 짓자 호호정을 헐어 버렸다. 다른 사람이 그 이유를 물으니 대립이 말하기를, "그 사람과 가까운 거리에서는 서로 사귀지 않을 수 없기 때문이다." 하였다.

김대립의 조카 중에 송간宋侃이라는 무인이 있었는데, 여립이 만나기를 여러 번 청하므로 송간이 여립을 만났다. 그런데 정여립이 지함두 외에 승려 4, 5명과 함께 밤낮으로 같이 지내는 것을 보았다. 그는 크게 놀라 돌아와서 은밀히 대립에게 말하기를, "나는 아저씨가 정자 허무는 것을 너무 과도한 일로 알았더니, 오늘에 이르러 처음으로 아저씨의 격식에 미치지 못함을 알았다." 하였다.

김대립이 정자를 허물었던 자리에 후손들이 정조正祖 6년六年(1749년年)에 '호호정浩浩亭 유정비遺墟碑'를 세우고는 두전에 전서로 훼정견명毁亭見明(정자를 허물어 후일에 광명을 보게 되었다는 뜻)이라는 새겼다.

호호정유허비는 김대립이 배향된 칠보 송산사 올라가는 길목에 있는데, 전문을 옮겨 본다.

호호정유허비 浩浩亭遺墟碑

옛적에 호남에 7군자가 있었는데 그 때의 세상 되어가는 꼴(광해군의 난정)을 보고 분개하여 종적을 감추고 모두 스스로 미쳤음을 핑계 삼음으로써 그 몸을 마쳤다. 월봉月峯 김공金公 대립大立을 으뜸으로 삼으니 고절高節과 유풍이 지금도 사람으로 하여금 격앙激昂되게 한다. 하물며 공은 능히 명조名祖와 명부名父의 덕업德業을 이어받아 훌륭하게 이룩함이 있었다. 그이 아들 명천공鳴川公에 이르러서는 유림들이 이를 존중하여 무성서원武城書院에 배향하였다. 비록 벼슬은 현달하고 빛나게 하지 못하였으나 4대의 문헌文獻이 서로 이러 울연蔚然하여 진실로 호남의 망족望族이 되었다. 비로소 월봉공이 사는 바 태인 송호 위에 몇 칸 집을 얻어 짓고 거기 가서 읊조리니 일러서 호호정浩浩亭이라 하였다. 여기서 이미 정적鄭賊 여립(정여립에 적자를 붙인 것은 후일에 역적으로 몰렸기 때문)과 만났는데 여기에서 서로 바라볼만한 데에 학궁을 짓고 강학講學을 한다고 일컬었다. 또한 한번 와서 공의 정자를 완성하고자 한다고 하였다. 공은 이 소식을 듣고 곧 정자를 헐어버렸다.

여립이 명예를 도적질하려 함에 거슬린 것이다. 세상이 모두 정여립에게 쏠리는데 공만 홀로 이른 변별하여 어긋날 사람으로 쳤다. 일찍이 사람들이 혹 그 일을 가지고 과하다 하였는데 얼마 아니하여 역적이라 하여 주륙 당하니 공의 간사한 사람을 알아보는 선견지명과 악과 절교하는 엄단에 경복하지 않은 이가 없었다. 이 당시에 제현들이 미치지 못한 바였다. 또한 훌륭하지 않은가! 세월이 점점 멀어져 보고 듣는 것이 점차 사라지는 이제는 여러 자손들이 차마 그 정자의 옛 터가 거칠어짐을 그대로 둘 수 없어 합력하여 비를 세우고 그 개요를 새기고자 나에게 그 글을 청하였다. 아! 선대의 법도를 추고하여 천명한고 조술祖述(선인의 설을 본받아 그 뜻을 펴서 서술함)함을 이어 부지런하여 허물없기를 도모하는 것이니 또한 가히 쓸만하다.

숭정 삼 임인(1782)년 9월 20일 숭정대부 판돈녕부사 연안 이민보李敏輔 찬하다.

〈그림 10〉 월봉 김대립묘비
(전면 유재호 후면 김용기 씀)

원래 글은 1782년 지었지만 이것을 1866년에 중건하고 지금의 비는 1942년에 다시 세운 것이다. 전면 글씨는 도사를 했던 유재호 글씨이고 음기는 도강김씨인 김용기가 썼다.

김대립은 호호정유허비를 살펴보면 하마터면 임진왜란 3년 전인 1589년(선조 22년) 10월 정여립과 관련있는 기축옥사에 연루될 뻔 했다. 무오·갑자·기묘·을사 4대 사화보다 더 많은 천여 명의 희생자를 낸 기축옥사는 당시 인구 500만이던 조선 전토를 참화 속에 몰아넣었다. 뒤이은 임진년 왜란조차 기축옥사의 황폐가 부른 재앙이라는 얘기가 나돌 정도로 사태는 참혹했다. 그 중심축에 정6품 홍문관 수찬에 올랐던 당대의 귀재 정여립(1546~1589) 사건이 자리 잡고 있었다.

김대립은 임진왜란이 일어나자 김복억金福億, 김후진金後進 등

10인과 더불어 군사를 모집하고 군량을 수집하여 행재소에 보냈는데, 또한 고종후(고종후), 최경회(최경회), 민여운(민여운) 등 여러 의병장의 부대에도 군사와 군량을 나누어 보냈다.[11]

당시 조정에 군비로 옷감과 곡식을 제공하였던 사람들은 김후진과 김지백 부자를 비롯하여, 김복억과 김경억 형제, 김대립과 김관 부자, 손홍록, 송창, 송지순과 송인신 부자, 안의 및 정사겸 등 이었다.

17세기 초반기에 태인현에서는 양전量田사업이 실시되었는데, 이 사업을 주관하였던 이는 고현내의 양반 김대립이었다. 강진 김(도강김씨) 리니지(혈족)의 주도적 인물이었던 김대립이 좌수나 별감의 직책을 가지고 있었는지는 분명하지 않으나, 태인의 행정에 미치는 고현내 양반들의 영향력을 평가하는 문제와 관련하여 시사하는 바가 크다[12] 하겠다.

김대립의 증조부인 희윤의 처인 광주정씨는 1524년 작성한 분재기(전북 유형문화재 212호)를 보면 후사없이 죽은 딸과 차자 약허에게 재산을 분배했다. 이때 상속한 노비는 총 36명이고, 토지는 약 3.5결이 된다. 여기서 김대립의 조부인 약회는 아마도 희윤이 살아 있었을 때 더 많은 재산을 분배 받았을 것으로 추정하고, 희윤의 부인인 광주정씨는 차자인 약회에게 재산을 분재하고도 많은 재산이 남아 있었을 것으로 추정된다. 이 재산은 아마도 장자인 약회에 상속되고 또 아버지인 원을 거쳐 대립까

---

11 전북향토문화연구회, 『전북의병사』, 선명인쇄사, 1990, 280쪽.
12 백승종, 「한국사회사연구-15~19세기 전라도 태인현 고현내면을 중심으로」, 일조각, 1996, 86~87쪽.

지도 재산이 이어졌던 것으로 추정해 볼 수 있다.

그래서 김대립을 비롯한 고현내 양반들은 중앙과 확고한 인적 기반을 가지고 있었다. 이미 김대립은 당시의 명사였던 정철이나 송순 등과 친족 관계에 있었다. 그리하여 고현내 양반들은 정치 권력, 사회적 명망 그리고 경제력을 이용하여 고현 내 여러 곳에 정자와 누각을 세웠다.

대립의 조부인 약회는 호를 한정(또는 봉선당)이라 하였는데, 1513(계유)년에 생원진사가 된 후 퇴계 이황, 하서 김인후, 제현과 종유하여 하였다. 그는 성균관 유생으로 있다가 사화로 정치가 혼탁해지자 정읍 칠보 무성리로 돌아와 세운 정자이다. 이 정자는 정유재란 때 불타 없어졌는데, 1920년 후손 김환정이 다시 세운 것이다. 정자 편액은 석촌 윤용구가 썼으며 안에는 정자 안에는 하서, 퇴계, 송순의 시판들이 붙어있어 문화적 가치를 더하고 있다. 약회를 기리는 한정과 후손인 김영상[13]의 사당인 필양사가 2006년 정읍 향토유적으로 지정되어 보호되고 있다.

김약회와 숙부인 김희석(1472~1536)은 여산송씨 송연손의 딸과 결혼하여 밀접한 관계를 맺는다. 칠보지역에서는 태인고현동향약이 일찍부터 실시되었는데, 좌목에는 성화 11년(1475)에 불우헌 정극인이 지은 태인고현동중향음서洞中鄕飮序가 있고, 바로 뒤에는 정덕 5년(1510)에 지은 송세림 발문이 있다. 현존하고 있는 동중좌목에서 가장 오래된 문서를 보면 김후진(의병 모집, 남천사

---

13 한정 약회의 11대손으로 일본 천황은사금을 거부하여 천황 불경죄로 군산 감옥으로 이송 도중 만경강 사챙이나루터에서 투수하여 고종황제 어진을 그린 석지 채용신이 그린 춘우정투수도가 전한다.

배향), 송지순, 김대립(의병 모집, 송산사 배향), 김응빈(송산사 배향), 송인신, 김관(무성서원 배향), 송치중(송산사 배향), 김급(송산사 배향) 등이 나타나고 있다.

고현향약의 정극인의 서문을 보면 "향음주례를 실시하여 마을 사람들이 친목하게 되면 사람을 업신여기고 쟁송하는 습속習俗이 없어질 것이다"라고 강조하였다. 또 송세림은 바로 "우리 마을은 고운 최치원이 다스렸던 곳이다. 산천은 완연蜿蜒하고 가옥들은 비늘처럼 겹겹이 들어서 있다. 큰 인재와 덕이 높은 사람이 빈연彬然하게 배출되었으니 실로 남방의 뛰어난 지경地境이다"라고 하였다. 이렇게 일찍부터 동약洞約을 정하여 풍속을 교화하는데 정극인과 송세림 등은 모두 힘썼다.

향음주례는 주인이 손님을 맞이하여 술을 한잔 대접하기까지의 동작이 102단계로 나눌 정도다. 술을 마실 때는 악기와 노래가 빠지지 않으며 특히 고현동에서 실시하는 노래는 정극인의 상춘곡이 연주되었다.

    홍진에 묻힌 분네 이내 생애 어떠한고 옛사람 풍류를 미칠까 못 미칠까
    천지간 남자 몸이 나만 한 이 많건마는 산림에 묻혀 있어 지락을 모르는가
    수간모옥을 벽계수 앞에 두고 소나무 숲 울창한 속에 풍월주인 되었어라

    엊그제 겨울 지나 새봄이 돌아오니 도화 행화는 석양 속에 피어

있고

  녹양방초는 가랑비 속에 푸르도다 칼로 마름질했나 붓으로 그려 냈나

  조물주의 솜씨가 물물마다 대단하다 수풀에 우는 새는 춘기를 못 내 겨워

  소리마다 교태로다 물아일체거니 흥이야 다를쏘냐. (생략)

무성서원의 현가루는 사실 향음주례와 깊은 연관성이 있으며, 이 칠보 지역에서 실시한 향음주례는 멀리 퍼져, 현재 전주 지역에서 실시하는 향음주례 원조는 고현향약에서 실시하는 예법이 전승된 것이다. 즉 전북의 어른상을 수상한 태인의 김환재는 전주 지역에 향음주례 보급에 힘썼다. 전주향교와 전주한옥생활체험관에서 향음주례를 강의하며 술 마시는 예법을 통하여 고을 사람들이 서로 친목하는 방법을 역설하였다.

이곳 고현지역은 정극인의 상춘곡 송세림 어면순은 바로 송세림의 제자인 면양정 송순에게 이어져 담양의 가사문학을 부흥시키는데, 사실 칠보지역은 가사문학의 중심축이라해도 지나친 말이 아니다. 정극인과 송세림의 문학정신은 태인 지역에 이어져 김경흠(1815~1905)[14]의 삼재도가, 불효탄가 경심가(한글 가사)와 소고당 고단의 규방가사로 이어져 면면이 이어져 오고 있다.

1616년경 고현내에서는 김대립, 김응빈, 송치중, 김감, 이도, 송

---

14 자는 덕현 호는 성은이고 본관은 도강이다. 문집 성은유고는 2권 1책 목활자본이다.

민고 및 이상형(1585~1645) 등 7인이 송정 모여서 이른바 칠광지회七狂之會를 조직하였다. 이 모임은 외면상으로는 중국 고대의 죽림칠현을 모방하여 정치에 무관심을 가장하였으나, 실제로는 정치 단체를 방불하였다. 1618년에 김대립을 주동자로 삼아서 이른바 폐모론을 반대하는 상소를 올렸던 사실만 보더라도 알 수 있는 일이다.

〈그림 11〉 송정 10현도

무성서원 가는 초입에 태산선비문화사료관이 있는데, 이곳에서 산길을 따라 올라 가면 칠보와 동진강이 한눈에 들어오는 송정이 있다. 이곳은 광해군의 폭정이 극에 이르자 뜻있는 선비들이 폐모사건에 항소했으며, 이후 벼슬을 버리고 돌아와 이곳에 모여 유유자적하며 세월을 보내니 세상 사람들은 이들을 가리켜 7광 10현이라 불렀다.

송정 옆 송산사는 1788년(정조正祖 12년年) 창건하여 김대립金大立 김응빈金應嬪 김정金鼎 김감金堪 김급金汲 송치중宋致中을 향사享祠하였는데, 1868년(고종高宗 2년年 무진戊辰)에 대원군의 서원 철폐로 훼철되었다. 1954년 송산松山(시산리詩山里)에서 성황산城隍山 동편에 중건하였다.

4. 결어

정읍 칠보지역에 조선시대 명문가의 지위를 굳혀온 도강 김씨가 토착한 것은, 가장 먼저 개국공신 회련懷鍊의 부인과 아들 덕방을 필두로 그의 아들 석정과 손자 윤손이 대대로 살아오면서 명성을 떨친다.

사실 부인 예천이씨는 생사를 예측하기 어려운 상황에서 아들을 데리고, 태인 고현내면이 길지임을 감지하고 찾아들어 세거한 인물이다. 그의 위대함은 험난한 여정에도 불구하고, 김회련 원종개국공신녹권과 왕지 2점 그리고 원삼 등을 버리지 않고 끝까지 가보로 남겨준 것은 매우 의미 있다 하겠다.

임진왜란 때 김복억, 김후진과 아들 김지백은 의병 수십인을 모병하였고, 김대립은 충경공 이정난과 창의하여 의병을 모집 행재소에 보냈다. 또 창의록 기록을 보면 만력 20년(1592) 8월 21일 임진사략王辰事略 일기를 보면 태인 김후진, 김대립 등 가동 10여인을 데리고 군기에 관한 것을 의논했다[15]는 기록이 있다. 그리고 충로와 아들 계복 그리고 동생 충남은 정유재란 시 의병을 모아 싸우다 전사하여 선무원종공신에 모두 녹훈되었다.

무성서원에 배향된 김관은 사계 김장생이 양호호소사가 되어 의병을 모집할 때, 군량 수백섬을 거두어 보냈고 김정도 정묘호란과 병자호란 때 모두 창의하였다.

병자호란 때 김후진의 손자인 김계종은 종형 기종, 현감 백함

---

15 창의록(계축년 권순명 서문) 7쪽 "泰仁金後進金大立等率家僮十餘人來議軍器辨備事".

생과 함께 여산을 거쳐 청주에 이르렀고, 김우민과 동생 김우정도 서귀 이기발과 함께 창의하여 남한산성으로 향하였다.

 도강김씨들은 한말에 와서 유학으로 명망이 높았던 영상永相이 1895년 을미사변으로 민비가 시해되고 단발령이 내리자, 국가의 운명을 개탄하여 두문불출하고 학문에만 전념했다. 1906년에는 무성서원에서 병오창의를 주도적으로 했으며, 1910년 8월 29일 한일합방이 되자 독립을 역설하다가 일경에 체포되어 군산 감옥에서 9일 단식 끝에 순절했다.

 도강김씨는 최치원을 모시는 무성서원을 주도적으로 운영하고 있었으며, 고현향약의 회의장소인 동각에서 나라의 위기 때에는 회원들이 모여 문제를 푸는 해결사의 1번지였다. 불효하는 사람이 있으면 동네사람들이 찾아가 개선책을 제시하였고, 부모나 나라에 효도와 충성하는 사람은 표창을 내렸던 것이다.

 고현내 도강김씨들은 무성서원과 고현향약의 문화적 토대 속에서 김후진, 김대립(1550년생)을 중심으로 크게 움직였던 것으로 보이며, 당시의 명사들과 교분을 가지며 국왕에게 상소를 올리는 등의 정치 활동을 주도적으로 한다. 그러면서 임진왜란 때에는 식솔과 재산을 털어 의병을 모집하여 전장에 뛰어 들었고, 평상시에는 고현동의 풍속을 정화하고 향음주례를 보급하는데 크게 기여하였다고 볼 수 있다.

참고문헌

이항·권오영 역, 『국역 일재선생문집』, 일제선생문집국역추진위원회, 2002.
백승종, 『한국사회사연구 - 15~19세기 전라도 태인현 고현내면을 중심으로』, 일조각, 1996.
국사편찬위원회, 『수집사료해제집 - 정읍 도강김씨』, 선명인쇄주식회사, 2012.
전북향토문화연구회, 『전북 의병사』 상·하, 선명출판사, 1992.
김선기 편저, 『뿌리를 찾아서 - 도강김씨동정공파세계』, 도강김씨 전주화수회, 2012.
이진영, 「동학농민전쟁과 전라도 태인현의 재지사족 - 도강김씨를 중심으로」, 전북대학교 사학과 박사학위논문, 1996.
김균 저·이광호 역, 『대동천자문』, 푸른숲, 1994.
고단, 『소고당규방가사속집』 柔, 삼성인쇄소, 1999.
『창의록』, 1973, 권순명 서문.
이병연, 『조선환여승람 - 정읍』, 보문사, 1936.
『도강김씨족보(계유보)』
김제민·김완규 역, 『국역 오봉선생 문집』, 대산한문출판사, 2014.
정읍문화원, 『고현향약』, 신아출판사, 2011.

찾아보기

■ 가

거경궁경居敬窮經 42, 57, 63, 132, 133

건재健齋 50, 55, 76, 78, 79, 81, 83~98, 100, 101, 103, 104, 108~111, 113~115, 117, 119~122, 139, 143, 148, 175, 208, 212

『건재선생문집』 79

계보 127, 128, 138, 150, 152~154, 162, 169

교육사상 51, 56, 63, 71, 72

교육자 51, 52, 55

근왕의병 174, 176, 179

기대승奇大升 49, 50, 64, 108, 138~142, 144~147, 149, 151~154, 171, 194, 212, 218

기효간奇孝諫 55, 94, 115, 147, 188, 193, 194, 213

김경수 98, 186~190, 193, 194, 200

김대립金大立 143, 147, 188, 191, 193, 194, 207, 208, 213~215, 219~221, 224, 225, 227~234

김복억金福億 128, 143, 146, 207, 208, 213~221, 227, 228, 233

김승적金承績 143, 147, 213

김식金湜 135

김약회金若晦 138, 143, 147, 217, 229

김인후金麟厚 24, 25, 50, 54, 76, 82~84, 111, 112, 138~143, 145, 147, 151~153, 176, 187, 194, 212, 217, 218, 229

김정金淨 138, 185, 192, 215, 233

김제민金齊閔 90, 128, 143, 144, 151, 154, 165~174, 177~183, 186~188, 190~205, 213, 214

김천일金千鎰 75, 76, 78, 88, 90, 97, 99, 100, 102, 114, 128, 139, 143, 147, 148, 151, 154, 165, 171, 175~177, 179, 180, 194, 204, 212~214

김후진金後進 128, 143, 146, 147, 188, 191, 193, 194, 207, 208, 213~215, 219~224, 227, 228, 233, 234

■나

나식羅湜　135, 136
남문의병　166, 187, 190, 193, 194, 198, 200, 204
남문창의　186, 189, 190, 193, 224
노수신盧守愼　28, 31, 33, 35~50, 64, 82, 83, 94, 108, 112, 115, 138, 141, 142, 212
노진盧禛　49, 82, 116, 138, 142, 151, 153
논증　13~18, 20, 21, 26, 28, 30, 31, 38~41, 44~47
느낌　15~28, 35, 36, 41, 45, 46, 158

■다

『대학大學』　41, 50, 58~60, 72, 81, 111, 136
도강김씨　207, 208, 215~217, 218, 221, 224, 227, 228, 234

■마

마음　13~28, 30~42, 44~47, 52, 59, 61~63, 65, 66, 68, 71, 72, 86, 91, 104, 116, 123, 130, 173, 210, 222
민기閔箕　135~137

■바

박세림朴世琳　55, 143, 148, 151, 154, 213
박소朴紹　136~138
박순朴淳　49, 82, 83, 95, 112, 115, 151~153
박영朴英　50, 53, 60, 71, 90, 135, 136, 138, 210
변사정邊士貞　55, 90, 94, 97, 98, 115, 143, 145, 151, 154, 208, 213, 214
본성　17~22, 24~26, 29, 30, 33~36, 39~42, 45~47, 69, 130

■사

사단　18, 23~28, 33, 47
사상문학　129, 133
사서四書　58
삼례창의　167, 174, 177
선인　227
성발性發　19, 21, 26
성인聖人　16, 31, 35, 37, 42, 56~60, 62, 63, 65, 69, 72
성지소용性之所用　23, 24, 26~28
소산복蘇山福　143, 148, 151, 154, 213
손홍록孫弘祿　55, 143, 146, 208, 213, 214, 219, 228
송인수宋麟壽　18, 19, 49, 54, 130, 138, 141

신잠申潛　54, 55, 130, 138, 142, 145
실재　16, 26
심감성발心感性發　21, 38, 44, 45
심선동心先動　17, 19, 21, 24, 26, 28
심성心感　26, 61, 149
심성론　14, 15, 149

■ 아

안의安義　55, 143, 146, 208, 213, 214, 219, 220, 228
안창국安昌國　55, 143, 147, 213
영감　16, 17
웅치전투　174, 180, 182~187, 197, 204
유무진도　90
윤정尹鼎　135~137
의병　76~78, 88, 89, 92, 97, 99~104, 119~123, 144, 146, 165, 175~177, 179~181, 183~204, 207, 215, 217, 220, 222, 229, 230, 233
이기론　14, 15, 16
이기발이합자理氣發而合者　23, 25, 27, 28
이기일물설理氣一物說　50, 132, 133, 150, 154, 155
이기일체설理氣一體說　50, 132, 133
이항李恒　13~17, 19, 21~23,

25~28, 30, 33~38, 40~47, 49, 51, 76, 80, 81, 89, 90, 92, 94, 108, 111, 113, 115, 127~129, 133, 134, 139~143, 148, 150, 152~155, 157, 160~162, 165, 171, 175, 194, 203, 208, 209, 212, 217~219, 221
이황李滉　49, 71, 138, 140, 141, 149, 217, 229
인심도심人心道心　39, 44, 45, 61, 62, 72, 133, 149
인심천심人心天心　133
일재一齋　13, 16, 49~61, 63~73, 76, 80~83, 89~94, 108, 111~113, 115, 127~129, 133~148, 150, 152~154, 157~162, 165, 171, 194, 203, 208~214, 217, 219, 221, 225
『일재집一齋集』　127, 128, 134
입신행도立身行道　76, 82

■ 자

재도문학載道文學　129, 133
정일집중精一執中　61, 72
조식曺植　49, 55, 71, 138, 143, 218
지경　67, 73

■ 차

칠정　23~28, 33

찾아보기　239

■ 파

풍류문학　154

■ 하

허엽許曄　135~137
호남가단　152~154, 158~160
호남문학　133, 150, 153~155, 161
　　　~163